novum pocket

**Andreas Litty**

# Lebensbuch einer Alten Seele

Geistiges Heilen als Lebensaufgabe

novum pocket

Bibliografische Information
der Deutschen Nationalbibliothek:

Die Deutsche Nationalbibliothek
verzeichnet diese Publikation in der
Deutschen Nationalbibliografie.
Detaillierte bibliografische Daten
sind im Internet über
http://www.d-nb.de abrufbar.

Alle Rechte der Verbreitung, auch
durch Film, Funk und Fernsehen, fotomechanische Wiedergabe, Tonträger, elektronische
Datenträger und auszugsweisen
Nachdruck, sind vorbehalten.

© 2021 novum Verlag

ISBN 978-3-99010-968-7
Lektorat: Leon Haußmann
Umschlagfoto:
Rdonar | Dreamstime.com
Umschlaggestaltung, Layout &
Satz: novum Verlag

Gedruckt in der Europäischen Union
auf umweltfreundlichem, chlor- und
säurefrei gebleichtem Papier.

**www.novumverlag.com**

# INHALTSVERZEICHNIS

| | |
|---|---|
| Was so alles geschehen kann | 7 |
| Die Vorfahren | 8 |
| Eine Freundschaft | 13 |
| Auszubildender und Student | 23 |
| Beruflicher Aufstieg | 34 |
| Neue Rollenorientierung | 38 |
| Die Reise beginnt | 43 |
| Freier Unternehmer | 48 |
| Eingebung in Köln | 50 |
| Krisen-Kommunikationsberater | 60 |
| Geistiges Heilen | 65 |
| Ingenieur und Geistheiler | 71 |
| Halbzeit | 84 |
| Wendepunkt zur neuen Berufung | 87 |
| Eröffnung Geistiges Heilen in Köln | 99 |
| Köln bleibt noch | 106 |
| Berlin | 109 |
| Fortbildung in Hypnose | 115 |
| Gismo und die Gelbe Jacke | 121 |
| Das Puzzlespiel | 132 |

# WAS SO ALLES GESCHEHEN KANN

*M* liegt bewusstlos auf dem Boden. Er bemerkt, dass sich etwas in Bewegung setzt. Kurzzeitig kommt er zu sich. Er erinnert sich: Er befindet sich im Hotelaufzug. Erneut verlassen ihn seine Kräfte. Er fährt aufwärts. Die Aufzugtüren öffnen sich. Er kommt kurz zu sich, sieht dort vier Beine stehen, rappelt sich hoch, steigt aus, schwankt zu seinem Zimmer, muss sich überall festhalten, öffnet die Tür, geht zu seinem Bett und fällt angekleidet darauf. Kurze Zeit später ist er wieder ohne Bewusstsein! Er erwacht und weiß wieder: Er ist zum Skifahren! Er hofft, dass ihm bald jemand helfen wird. Weit gefehlt, niemand kommt. Er fühlt sich alleine und ausgenutzt. Ihm fehlt seine Lebensenergie. Nach einer Weile ist sein Partner kurz im Zimmer. Niemand hat etwas bemerkt. Was war zuvor? Er war den ganzen Tag Skifahren. Überall gibt es Energievampire. Irgendwo, vielleicht schon auf der Piste, auf der Busfahrt zum Hotel oder auch im Hotel selbst wurde M seine gesamte universale Lebensenergie abgesaugt. So schlimm war es noch nie.

„Hallo-ho, ich bin wieder da-ha! Ich, Deine Alte Seele, bin von meiner Seelenreise zurückgekehrt!" Vielleicht habe ich M diesmal doch zu lange alleine gelassen?!

*M* kommt sich vor, als wäre bei ihm alles gelöscht und neu aufgespielt worden. Nach und nach bessert sich seine Lage wieder.

Am besten alles der Reihe nach!

# DIE VORFAHREN

In einer Ahnenbibliothek in den Vereinigten Staaten sucht *M* nach seinen Vorfahren. Diese stammen aus dem französischen Raum. Einige Vorfahren des *Mannhaften* siedeln nach Ostpreußen, dem heutigen Kaliningrader Gebiet. Die Ahnen lassen sich drei Generationen zurückverfolgen. Ihre Berufe waren Stellmacher-, Schmiedemeister sowie Gast- und Landwirt.

In Ostpreußen besitzt ein Gast- und Landwirt ein 40 Morgen großes Anwesen mit einer Wirtschaft. Hier befindet sich das einzige Telefon der Ortschaft! Statt Wasser aus der Leitung gibt es auf dem Hof einen Brunnen. Das Leben in Ostpreußen ist Anfang des 20. Jahrhunderts im Vergleich zu unseren heutigen Verhältnissen sehr hart und für viele kaum vorstellbar. Der Gast- und Landwirt hat vier Kinder, drei Söhne sowie eine Tochter, und lebt nacheinander mit fünf Frauen zusammen. Das erste Kind ist ein Junge und wird in diesem Buch als *Herrscher* bezeichnet. Mit 17 Jahren siedelt dieser nach Berlin. Hier arbeitet er für eine Firma im Ölgeschäft. Bei einer Messe in Köln lernt der *Herrscher* den Handelsvertreter *Gott ist Gütig* kennen. Dieser lebt auch in Berlin. Zwischen beiden entsteht eine dicke Freundschaft, die über den Krieg hinaus andauert. Der zweite Sohn verliert sein Leben auf dem Vormarsch in Russland. Die *Siegende* ist das dritte Kind und der Adler, das vierte. Dieser besucht das Gymnasium. Alle Mütter sterben entweder kurz nachdem sie ihre Kinder geboren haben oder trennen sich vom Mächtigen, wenn ihnen dessen Lebensweise nicht mehr passt.

„Keine 70 Jahre später spricht man bei einer derartigen Konstellation auch von einer Patchwork-Familie."

1944, der 2. Weltkrieg ist im vollen Gange, befindet sich die Rote Armee bereits im Vormarsch Richtung Ostpreußen. Der *Adler* und seine inzwischen hochschwangere Schwester, die *Siegende*, fliehen zu Fuß mit einem Handwagen vom Hof. Ihr Ziel ist ihre Verwandtschaft nahe Berlin. Der *Mächtige* verstirbt noch in Ostpreußen. Die *Siegende* bringt während der Flucht im Oktober ein Kind zur Welt. Die Geburt findet bei einer Ordensschwester statt, die auch zur Familie gehört. *Adler, Siegende, mit Kleinkind* und Ordensschwester treffen in Schlesien aufeinander. Die Flucht geht Richtung Karlsbad. Der *Adler* und die Ordensschwester werden ins Erzgebirge evakuiert. Der *Adler* übernachtet oft im Straßengraben. Sie helfen anderen, andere helfen ihnen. Ordensschwester und *Adler* laufen zu Fuß Richtung Berlin. Endlich treffen sich alle bei der Verwandtschaft nahe Berlin wieder. 1945 verhilft der *Herrscher* seiner Schwester mit dem Kleinkind zur Übersiedlung nach Berlin. Der *Adler* fühlt sich entwurzelt. Ihm fehlt das Zuhause, die Heimat, er weiß nicht weiter. Ein Zurück ins alte Leben gibt es nicht. Mutter und Vater sind tot. Ostpreußen ist bereits in russischer Hand. Wie soll es weitergehen. Alles, woran er je geglaubt hat, ist zusammengebrochen. In Berlin dürfen nur Leute wohnen, die dort auch arbeiten. Auch der *Adler* muss überleben und etwas zu essen bekommen. Schließlich fällt zu seinem Glück von anderen die Entscheidung: „Werde Bäcker". Der *Adler* erhält eine Ausbildungsstelle im Bäckerhandwerk und darf nun in Berlin wohnen. Um Anschluss zu finden, beginnt er mit Boxen im Verein. Mit 20 Jahren schließt er seine Berufsausbildung zum Konditor ab und sammelt Erfahrungen in Baden-Baden, der Schweiz und schließlich in Berliner Hotels. *Siegende, mit Kind* sowie der *Herrscher* besuchen oft zusammen *Gott ist Gütig und dessen Frau, die Heilige*. Dort treffen sie auf die *Schutzgöttin*, die bezaubernde Nichte. Die *Schutzgöttin* wird als sehr hübsch beschrieben. Die *Siegende* beschwört den *Adler*, beim nächsten Besuch mitzukommen.

Die mütterlichen Ahnen lassen sich sieben Generationen zurückverfolgen. Die Aufzeichnungen reichen bis ins Jahr 1776. Alle Ahnen übten verschiedene Berufe aus. So ist die Rede von einem Lustgärtner sowie Maler-, Tischler-, Schneider-, Kürschner-, Schuhmacher- und Bäckermeister. Weitere Berufe sind Küster, Schmied, Sekretärin, Handarbeitslehrerin und Schneiderinnen.

Die *Schutzgöttin* wird in Berlin geboren. Sie ist die erste Tochter des *Entschlossenen*, einem selbstständigen Malermeister und der *von Gott Geliebten*, einer Schneiderin. Die *Schutzgöttin* wird in der Kaiser-Wilhelm-Gedächtniskirche getauft und mit 14 Jahren dort konfirmiert. Sie besucht Grund- und Mittelschule und möchte Sekretärin werden. Dies wird ihr jedoch von der *Heiligen* ausgeredet. Sie schlägt vor: „Werde doch Lehrerin". Ja, dies ist die richtige Entscheidung, jetzt möchte die *Schutzgöttin* Lehrerin werden. Alle angehenden Lehrerinnen werden 1942 ein halbes Jahr lang in den Lehrerbildungsanstalten in Sport, Englisch, Singen und anderen Fächern unterrichtet. Sie gehört zu den 25 Prozent, die die Aufnahmeprüfung bestehen. Kurz vor den Sommerferien werden die angehenden Lehrerinnen nach Österreich evakuiert. Es heißt auch, sie müssten gemeinschaftliches Zusammenleben erleben. Sie werden in verschiedene Burgen unterrichtet und leben dort. Das Examen muss in Deutschland erbracht werden, da sonst keine Berechtigung zum Lehren in Deutschland besteht. Zuvor absolvieren sie ihre Praktika in Österreich, indem jede eine halbe Stunde lang je Woche an einer Schule in der Ostmark unterrichtet. Im Oktober 1944 wird ihnen in Salzburg die Sportprüfung abgenommen. Alle fahren zurück nach Berlin. Hier erlebt die *Schutzgöttin* einen Bombenangriff auf die Bahn. Im selben Jahr wird die elterliche Wohnung ausgebombt. 1945 überlebt sie zusammen mit einigen Mitschülerinnen einen Bombenangriff auf ihre Schule in Berlin. Alle sind im Keller verschüttet. Mit 19 Jahren legt sie ihre Lehrerprüfung ab. Ihr Praktikum absolviert sie in Zossen. Alle Kinder kommen aus dem Krieg und wollen lernen. Ein anderes Mal wird die *Schutzgöttin* im Keller versteckt. Um nicht von den Russen entdeckt zu werden, trägt sie weiße Wäsche, ein weißes Kopftuch und steht hinter Betten, die an der Wand lehnen. Die *Schutzgöttin* hat immer wieder Glück und überlebt alle Angriffe, schläft mit anderen im Luftschutzkeller, wird schließlich von einer noch lebenden Tante am Nollendorfplatz aufgenommen und erst in einem Kellerverschlag, später auf einem Hängeboden versteckt. Im Anschluss erhält die *Schutzgöttin* ihre Einberufung zum Arbeitsdienst, dem Bund Deutscher Mädel. Sie kommt zu den Amerikanern in eine

Kaserne. Hier werden Bücher sortiert. Dann erfährt sie, alle Bücher werden verbrannt! Sie soll sich ein schönes Buch mitbringen und lesen. Sie denkt auch oft, wie soll es weitergehen? Schließlich macht sich die *Schutzgöttin* zu Fuß auf den Weg zu ihrer Familie im Berliner Süden. Über den heutigen Tempelhofer Damm kommt sie zum Teltow-Kanal. Die Brücke wurde gesprengt und hängt in der Mitte herunter. An den Straßenbahnleitungen, die keinen Strom führen, halten sich die Leute fest, um die Brücke zu überqueren. Die *Schutzgöttin* und ihre Familie finden wieder zusammen. Die ersten Wochen nach dem Krieg sind sehr primitiv. Sie haben kein Wasser, nichts zu essen und keinen Strom. Nicht alle Studienkolleginnen überleben den Krieg. 1946 wird die *Schutzgöttin* im Bezirk Berlin-Mitte als Hilfslehrerin eingestellt und Anfang 1953 gekündigt, da sie als Westberlinerin nicht in Ostberlin beschäftigt werden darf.

Beim Besuch der *Heiligen* und *Gott ist Gütig* lernt sie den *Adler* kennen. *Schutzgöttin* und *Adler* verlieben sich ineinander und heiraten. Sie singt, spielt Klavier, Geige und Flöte. Schließlich erhält sie als Lehrerin in West-Berlin eine Anstellung. Sie unterrichtet Deutsch und Musik, gründet einen Schulchor und tritt mit diesem bei öffentlichen Veranstaltungen wie Schulmusikwochen oder Weihnachtssingen in der Kirche auf. Der *Adler* entscheidet sich für ein Pädagogikstudium zum Fachschullehrer, Bereich Konditor. Die *Schutzgöttin* ist zunächst Alleinverdienerin. *M*, der *Mannhafte*, ist der Sohn von *Schutzgöttin* und *Adler*.

# EINE FREUNDSCHAFT

Zu diesem Zeitpunkt bin *ich*, die *Alte Seele* bereits mit dem Körper von *M* eine Freundschaft eingegangen. Diesen beschütze *ich*, soweit es in meiner Macht steht. Ich kann mich zu jedem Zeitpunkt mit anderen Seelen austauschen. So können wir zusammen Gutes veranlassen. Dazu wird der Körper des *Mannhaften* kurzzeitig verlassen. Für mich steht dabei immer das Wohl meines Freundes *M* im Mittelpunkt. Alle zusammen, *Körper, Psyche, Geist, Höheres Selbst* und *ich* sind ein Team und entscheiden gemeinsam den optimalen Lebensweg für *M*. Hin und wieder melden wir uns bei *M*, erklären ihm Dinge oder geben auch Tipps! Diese sind dann *kursiv* gedruckt.

*M* wird getauft, besucht erst einen kirchlichen und später einen städtischen Kindergarten. Er ist vier Jahre alt, da wird um West-Berlin herum die Mauer gebaut. Die vierköpfige Familie wohnt zusammen mit den Großeltern in einem Zwei-Familienhaus mit Grundstück in Berlin/West. Der *Mannhafte* wächst in einem stabilen Elternhaus auf und puzzelt gerne. Diese Tätigkeit kann er für sich alleine ausführen und ist dabei von niemandem abhängig. Je mehr Bilder er zusammensetzt, desto leichter geht ihm diese Tätigkeit von der Hand. Das ermöglicht ihm bereits in frühen Jahren einen gewissen Überblick. Der Kindergarten liegt direkt neben der zukünftigen Grundschule. Nachmittags wird *M* manchmal vom *Adler* mit dem Tretroller abgeholt. Tretrollerfahren bereiten *Adler* und *M* großen Spaß. Der *Adler* fährt dann auf dem Tretroller zum Kindergarten hin. Häufig rufen ihm dann andere Erwachsene nach: „Na Kleener, jehst'de och schon zur Schule?!" *M* darf dann mit dem Tretroller wieder nach Hause fahren. Er kann gut das Gleichgewicht halten. Dank seiner langen Beine ist er bereits um einige Zentimeter größer als seine gleichaltrigen Freunde. Er kann auch schon gut Rollschuh laufen.

Von seinem Team bekommt er zu diesem Zeitpunkt nicht viel mit. Er ist noch zu jung! Nun melde *ich* mich, seine *Alte Seele*, zum ersten Mal: *„M, bedenke, in 40 Jahren fahren viele ältere Menschen mit modernen Tretrollern und in 55 Jahren diverse ältere mit E-Scooter, Elektro-Roller, umher"*.

Zuhause hilft *M* bei Arbeiten in Garten sowie Haushalt und wird zur Sparsamkeit erzogen. In der Freizeit spielt er Federball und Tischtennis. Zu diesem Zeitpunkt lernt er auch auf sich selbst und andere zu achten, jeder hilft dem anderen. *M* wird eingeschult. Den Weg zur Schule kennt er. Die gesamte Schulzeit über hat er zwei oder drei Freunde. Die meiste Zeit beschäftigt er sich alleine. *M* lebt eher in sich zurückgezogen. Immer, wenn er aus der Schule kommt, will er erstmal seine Ruhe haben. Er sitzt dann zuhause und liest oder puzzelt. Hierbei fühlt er sich wohl und versinkt in Gedanken. Dass er anders als seine Mitschüler ist, merkt er immer wieder, kennt jedoch nicht den Grund. Seit der Schulzeit ist er im Schwimmverein. Ein großes Schwimmbad mit einer 50 m Bahn ist direkt in Wohnortnähe. Hier lernt er schwimmen und absolviert seine Frei-, Fahrten- und den Jugendschwimmschein.

*M* liest gerne Märchen aus verschiedenen Ländern und erlebt diese mit. Schon hier befindet er sich in einem Zustand der Trance. Die Bücher erhält *M* von der *Schützenden*. Sie lebt und arbeitet als Ärztin in Ost-Berlin. Zu dieser Zeit dürfen weder West-Berliner nach Ost-Berlin oder in die sogenannte Zone (Randbereich um Berlin herum) fahren, noch Ost-Berliner nach West-Berlin, um dort ihre Verwandten zu besuchen. Deshalb treffen sich viele West-Berliner mit ihren Ost-Berliner Verwandten kurzzeitig auf Parkplätzen der Autobahn. Diese Termine werden langfristig geplant, da ja keine Kontaktmöglichkeiten bestehen. Seine Eltern treffen sich dann mit der *Schützenden* immer zur ziemlich gleichen Zeit auf einem bestimmten Parkplatz an der Transitstrecke der Autobahn. Ziemlich bedeutet, dass man als West-Berliner nie weiß, wie lange die Schikanen am Kontrollpunkt Dreilinden dauern. Als West-Berliner besitzt man einen behelfsmäßigen Personalausweis. Hier erhält jeder, der durch die DDR fährt, ein Transitvisum, einen Passierschein mit Datum und Uhrzeit. Bei der Ausreise am entsprechenden Kontrollpunkt, z. B. Rudolfstein/Hirschberg oder Marienborn/Helmstedt muss dieser wieder abgegeben werden. Zu den Schikanen gehören, dass das gesamte Auto auseinandergenommen werden kann, dass man alle möglichen Gegenstände öffnen oder herausnehmen muss. Die Volkspolizei leuchtet mit einem Spiegel in den Tank, um zu erkennen, ob dieser für diese Automarke gegebenenfalls zu klein ist, hier etwas geschmuggelt wird und, und, und. Am Ausreisekontrollpunkt wird dann kontrolliert, ob die Fahrzeit im vorgegebenen Bereich liegt! War man zu schnell unterwegs, dann hat man die Kontrollgeschwindigkeit von max. 100 Stundenkilometern überschritten und hat sich zu erklären. War man zu langsam unterwegs, wird auch gefragt „Warum". Es ist immer sinnvoll, nichts gegen die

Kontrollorgane zu sagen, da man sonst samt Wagen aussortiert wird und eine Weile zu warten hat. Reine Schikane! Das einzig Gute an den Kontrollen ist, dass man mehr Stauflächen im Auto entdeckt. Seitdem werden für den Winterurlaub die Skischuhe unter der Rückbank verstaut. Bei der Rückfahrt, z. B. von West-Deutschland nach West-Berlin, läuft dieselbe Prozedur ab. Zu Ferienzeiten reisen immer sehr viele Personen mit dem Auto und so wurden im West- und Ost-Berliner Grenzraum sowie an den Grenzkontrollpunkten in West- bzw. Ost-Deutschland riesige Stauräume geschaffen.

Für *M* ist Wasser zu diesem Zeitpunkt bereits ein sehr wichtiges Thema. Er benötigt es zum Löschen. Inzwischen besitzt er ein Aquarium mit verschiedenen Zierfischen. Dieses steht direkt hinter der Wohnzimmertür. Wird die Tür geöffnet, fällt der Blick direkt darauf. Aus dem dahinterliegenden Fenster schaut man auf eine Gärtnerei mit brachliegenden Flächen. *M* leidet zu diesem Zeitpunkt unter Angstzuständen mit Alpträumen, wenn er abends alleine zuhause bleiben muss. In seinen Träumen sieht er immer wieder große Landflächen mit Baracken brennen. Von diesen Träumen weiß niemand aus der Familie etwas. Tritt ein entsprechender Angsttraum auf, glaubt er die Möglichkeit zu haben, mit dem Wasser aus dem Aquarium zu löschen. In Träumen ist bekanntlich alles möglich! Meist wacht er jedoch vorher auf und stellt glücklich fest, dass es nur ein Traum ist. Nach einer kurzen Beruhigungsphase schläft er friedlich ein. Nun, nachdem *M* älter und größer geworden ist, hat er plötzlich einsetzende stechende Kopfschmerzen. Tritt ein solcher Schmerz auf, muss er sich auf ein Bett legen.

*M's Körper fragt nach: „Hallo Psyche, was bedrückt Dich so, dass Du mir diese Schmerzen verursachst?!"*

Die Schmerzen sind kaum zu ertragen. Gegen die Kopfschmerzen erhält M eine Salbe, die noch stärker brennt und damit die eigentlichen Kopfschmerzen überdeckt. Wegen der Kopfschmerzen muss er oft zur stationären Behandlung ins Krankenhaus. Hier werden seine Gehirnstromkurven gemessen. Zu den Ergebnissen dieser Messungen erfährt er nichts! Zu dieser Zeit kann er schon Klavier spielen. Einmal im Jahr findet ein Klavierabend in einer Aula statt. Hier spielt jeder Klavierschüler vor einem größeren Publikum. Dies hilft, eine gewisse Auftrittsangst zu überwinden. Bereits in der Grundschule legt er seine Fahrradprüfung ab. Nach der Grundschule wechselt M auf die Realschule in den technischen Zweig. Technik, Mathematik, Musik und Kunst liegen ihm einfach mehr. Einmal, im Erdkundeunterricht, muss er nach vorne zum Lehrerpult kommen. Hier wird sein Wissen abgefragt. Er geht nach vorne und stolpert dummerweise über den dreifüßigen Kartenständer. Die fünf Quadratmeter große Deutschlandkarte schwankt bereits. Schnell kann er noch den Kartenständer festhalten, damit dieser nicht auf seine Mitschüler stürzt. Dann kommt er beim Lehrerpult an. Der Lehrer fragt: „Willst du dich nicht wenigstens entschuldigen?" M dreht sich um und sagt zum Kartenständer „Entschuldigung"! Der Erdkundelehrer und seine Mitschüler brechen in Gelächter aus. Er versteht die Welt nicht mehr, hat er doch alles ausgeführt, wie es der Lehrer wollte! Kurzzeitig ist er auf den Erdkundelehrer und seine lachenden Mitschüler sauer. Ständig wird er gehänselt. Dann ist die Sache für ihn erledigt.

*Ich*, seine *Alte Seele*, melde mich: „*Bedenke, Du hast noch viel zu lernen! In 30 Jahren gehst Du mit einer solchen Situation anders um. Dann sendest Du den entsprechenden Leuten meist leise und in Gedanken ein: Friede sei mit Dir. Damit ist die Sache für Dich erledigt und Du kannst weiter Deines Weges gehen*".

Zurück zu seinen Kopfschmerzen. Mit 13 Jahren fällt *M* vom Fahrrad und bleibt bewusstlos auf einer kleinen, nicht stark befahrenen Straße liegen. Erst im Krankenhaus kommt er wieder zu sich. Dem voraus geht ein Mobbing-Sport im Klassenraum. Zu dieser Zeit ist das Wort Mobbing noch nicht im deutschen Sprachgebrauch verankert! Seine Mitschüler machen es sich zum Sport, anderen Schülern einen ca. DIN-A4 großen, 1,3 Kilogramm schweren Atlas unvermittelt von hinten auf den Kopf zu schlagen. Er zählt zu den Leidtragenden. Danach erfolgt auf dem Schulhof ein weiterer Akt. Jemand kniet sich hinter ihn und ein anderer stößt ihn vorne an. Automatisch versucht *M*, mit einem Schritt zurück das Gleichgewicht wieder zu finden. Erfolglos stürzt er nach hinten und schlägt mit dem Kopf auf den Schulhof. Für eine gewisse Zeit ist er nun nicht mehr ansprechbar. Das Ende vom Lied sind eine Gehirnerschütterung und einige Wochen Bettruhe. *M* geht es wieder besser. Er holt sich Schulunterlagen bei einem in der Nähe wohnenden Mitschüler ab und ist mit dem Fahrrad unterwegs. Auf dem Rückweg passiert es dann. Man findet ihn nicht ansprechbar vor. Er liegt auf einer unbefestigten Straße neben seinem Fahrrad. Da er keinen Ausweis mit sich trägt, weiß niemand, wer er ist. Nur über die Schulunterlagen, die er mit sich führt, finden Passanten zunächst den Namen des

Mitschülers und schließlich den Namen von M heraus. Er kommt ins Krankenhaus und die Polizei unterrichtet seine Eltern. Seitdem trägt er meist einen Ausweis mit sich. Danach gibt es keine Dauer-Kopfschmerzen mehr!

*Ich weiß mehr und sage nur zu M: „Präge Dir alles genau ein, in 43 Jahren wirst du dieses Haus ein weiteres Mal betreten".*

Während der Realschulzeit nimmt M am Konfirmandenunterricht teil. Einmal soll von den Konfirmanden ein Gottesdienst ausgerichtet werden und jeder darf sagen, welche Tätigkeit er übernehmen möchte. Für M ist klar, er spricht den Segen! Hier wird er aufgeklärt, dass nur der Pfarrer die Gemeinde segnen darf. Schließlich wird er konfirmiert. *M's Geist* wählt zur Konfirmation den Psalm 56,12: *„Auf Gott hoffe ich und fürchte mich nicht; Was können mir Menschen tun?"*

Viele seiner Klassenkameraden kommen auch aus dieser Gemeinde. Mit einigen werden auch Gemeindefahrten unternommen. Sie sind zusammen zum Zelten in Schweden, zum Wandern von Jugendherberge zu Jugendherberge in Franken/Bayern, oder in Taizé, Frankreich, um zu sich selbst zu finden. Alle Fahrten werden von einem Pfarrer begleitet. Bei einer Fahrt schlafen er und vier Mitreisende in der Praxis eines Psychiaters. Er lässt sich darauf ein, direkt im Behandlungsraum zu schlafen. Die anderen Mitreisenden sind scheinbar zu ängstlich. M kann jedoch nicht einschlafen, fühlt sich beobachtet. Im Raum befinden sich überall geschnitzte, furchtergreifende Kreaturen, die auf die Behandlungsliege starren, auf der er schlafen möchte. Er kann nicht anders, steht auf und dreht alle Kreaturen in eine andere Richtung. Nun kann er gut schlafen. Nach dem Aufwachen dreht er alle Kreaturen wieder zurück in ihre alte Stellung.

Hier habe *ich* eine wichtige Mitteilung für Dich, lieber M: *„Auf Deinen Reisen wirst Du lernen, auf andere zu achten, Dich selbst nicht so wichtig zu nehmen und auch, dass Du immer weiterkommst, egal was passiert. Es gibt immer einen Weg!"*

M beginnt im Kirchenchor in der Stimmgruppe Bariton zu singen. Einmal begleitet er als Aushilfe einen Gottesdienst auf der Orgel. Hier spielt er zum Abschluss das Preludio Nr. 29, aus dem „Notenbüchlein für Anna Magdalena Bach" (1725) von J. S. Bach, Edition Peters 4546, Leipzig (Neue Ausgabe von Hermann Keller). Das *Höhere Selbst* des *Mannhaften* erreicht hier etwas sehr Besonderes; die am Gottesdienst teilhabende Gemeinde bleibt bis zum Schluss sitzen und hört bedächtig zu.

Die Ferien verbringt er meist mit der Familie. Der *Adler* ist inzwischen Oberstudienrat und die *Schutzgöttin* Hauptschullehrerin. Sie sind sehr darauf bedacht, ihre Kinder über die deutsche Geschichte und die Schrecken des 2. Weltkrieges zu informieren und so werden jede Menge Sehenswürdigkeiten und auch Gedenkstätten besucht. Nach jedem Besuch in Gedenkstätten von Konzentrationslagern fühlt sich *M* sehr schlecht und ist froh, wieder in Freiheit zu sein. Im Winter fährt die Familie in alpine Skigebiete. Seine Eltern stecken ihn immer wieder in Skikurse. Obwohl er inzwischen gut Skifahren kann, meidet er gefährliche Gebiete. Meistens passieren Zwischenfälle dort, wo man sie am wenigsten erwartet. Einmal steht er als jugendlicher Skifahrer in einer Gondel. Er fühlt sich ausgelaugt und möchte sich unbedingt hinsetzen. Aber niemand lässt ihn. Alle stehen dicht an dicht. Plötzlich hat er das Gefühl, an der Gondeldecke zu schweben und sieht sich selbst unterhalb auf einem Klappsitz. Um ihn herum ist nun doch Platz. Die Erklärung ist einfach, er ist ohnmächtig. Die Gondel erreicht die Bergstation, er darf noch sitzen bleiben und sich erholen. *M* ist wieder in seinem Körper und steigt auch aus der Gondel. Nach einer Ruhepause und gutem Essen fährt er weiter Ski.

Zu seinen Großeltern hat *M* ein sehr gutes Verhältnis. Nachdem der *Entschlossene* das Rentenalter erreicht hat, nimmt er sich viel Zeit für seine Enkel. Er recherchiert und zeichnet den mütterlichen Stammbaum auf. Wenn der *Entschlossene* auf dem Dachboden nach geeigneten Walnüssen sucht, die dort zum Trocknen liegen, passiert dies meist im Dunkeln. Inzwischen hat *M* auf dem Dachboden ein Mansardenzimmer mit Schreibtisch. Hier kann er seine Schulaufgaben erledigen. Einmal kommt er rauf, öffnet die Dachbodentür und hört wilde Geräusche aus dem Dunkel. Seine *Psyche* wird von einer großen Angst übermannt. *M* kann nicht anders. Er schließt die Tür von außen ab und rennt die Treppen runter, durchs gesamte Haus, um zu sehen, ob alle da sind. Der *Entschlossene* fehlt. Dieser ist auf dem Dachboden und rüttelt inzwischen an der abgeschlossenen Tür. *M* schließt wieder auf und bittet darum, das nächste Mal das Licht auf dem Dachboden einzuschalten. Einmal ist *M* wieder in seinem Mansardenzimmer. Das Fenster ist weit geöffnet. Von draußen im Garten hört er ein leises Wimmern. Er schaut aus dem

Fenster und sieht den *Entschlossenen* neben dem Fischbecken auf dem Rasen liegen. Sofort rennt er hinunter, um diesem zu helfen. Es ist Herbst und der *Entschlossene* hat im Garten Walnüsse aufgesammelt. *M* informiert sofort die *von Gott Geliebte*. Die Feuerwehr wird gerufen, der *Entschlossene* ins Krankenhaus gebracht und stirbt. Schade, *M* hat ihn sehr gemocht. Der *Entschlossene* ließ ihn an vielen seiner Tätigkeiten teilhaben und gab wertvolle Tipps. *M* hat sich einfach alles abgeschaut.

Das Abendessen nimmt die Familie immer gemeinsam ein. Meist wird nicht nur das Essen durchgekaut und geschluckt, sondern zeitgleich auch die Probleme, die jeder in der Schule hat. Immer wieder berichten seine Eltern von den Kindern der Kollegen und wie toll sich diese entwickeln. *M* kann dies nicht verstehen! Können sich seine eigenen Eltern nicht einfach freuen, wie gut es allen geht, und mit ihrem Leben zufrieden sein?! Während der Schulzeit spielt er für kurze Zeit im Handballverein. Von vielen wird er immer wieder *Manny* genannt. Dieser Name geht ihm total gegen den Strich, noch weiß er nicht warum.

Nun meldet sich sein *Geist*: *„Bedenke, Du wirst erfahren, dass jede Person nur dann Lebensenergie erhält, wenn der Geburtsname immer vollständig ausgesprochen wird".*

# AUSZUBILDENDER UND STUDENT

Der *Mannhafte* schließt mit der Mittleren Reife ab und setzt seine Ausbildung mit einem einjährigen Maschinenbaupraktikum zum Fachabitur fort. Hier verdient er sein erstes Geld. Seine Ausbildung beginnt am Schraubstock. Später darf er schmieden und schweißen. In diverse Abteilungen wird nur hinein geschnuppert. Für ihn geschehen mehrere glückliche Umstände. So bedient er einmal eine automatische Schleifmaschine. Das Werkstück soll von einem Elektromagneten gehalten werden. Bevor er die Maschine einschaltet, zwingt ihn sein *Höheres Selbst,* in die Knie zu gehen. Damit kann er genau sehen, wann die Schleifscheibe auf das Werkstück trifft. Dies ist sein Glück. Die Schleifscheibe dreht sich bereits mit sehr hoher Geschwindigkeit, jedoch ist der Elektromagnet, der das Werkstück am Tisch halten soll, nicht eingeschaltet, und so fliegt das Werkstück in rasender Geschwindigkeit über ihn hinweg – quer durch den Raum. Diesmal schützt ihn sein *Höheres Selbst.* Gerade M passiert dies, wo er doch so stark auf Sicherheit ausgerichtet ist!

*Ich*, seine *Seele*, sage nur: *„Bedenke, wenn keine Unfälle passieren, wird auch nichts geändert! Eine Maschine darf nur dann automatisch starten, wenn alles gesichert ist".*

Er durchläuft weitere Abteilungen. M beobachtet immer wieder gerne andere bei der Arbeit und so passiert es ihm eines Morgens, dass ihm Monteure aus der Drehmaschinen-Abteilung seinen Holz-Drehstuhl an den Boden genagelt haben. M setzt sich nichtsahnend auf den Drehstuhl, greift unter den Holzteller und versucht, mit dem Drehstuhl nach vorne zu rutschen. Das Einzige, was jedoch rutscht, sind seine Hände durch die blaue Farbe, die ihm die lieben Monteure an die Unterseite des Holztellers geschmiert haben. Das Gelächter ist nun groß. Natürlich ärgert er sich, lacht dann aber mit.

Wieder melde *ich* mich: *„Bedenke, die Arbeiter an den Drehmaschinen möchten nicht beobachtet werden!"* M hat verstanden!

... Während seiner Ausbildung erfährt er von einem Dozenten, dass man sich später als Ingenieur immer in alle Richtungen abzusichern hat, um nicht den Weg ins Gefängnis anzutreten. Oder mit den Worten des Dozenten ausgedrückt: „Als Ingenieur steht man immer mit einem Bein im Gefängnis!" M beginnt an der Fachhochschule sein Studium im Bereich Maschinenbau. Er wohnt im Süden von Berlin und fährt zum Studium hin und zurück mit der U-Bahn von Alt-Mariendorf zum Leopoldplatz. Dabei wird Ost-Berlin unterquert. Auf den Ost-Berliner U-Bahnhöfen stehen bewaffnete Volkspolizisten, damit niemand auf den langsam fahrenden Zug aufspringen kann. Als Fahrgast hat er sich daran gewöhnt. Beim letzten bzw. ersten Bahnhof erfolgt immer eine Durchsage, entweder: „Letzter Bahnhof in Berlin West" oder „Bahnhof ... Berlin West". Dazwischen hält der Zug nur auf dem U-Bahnhof Friedrichstraße. Hier ist die Einreise durch den Tränenpalast nach Ost-Berlin möglich oder auch ein Umsteigen zum Fernbahnhof.

In den Semesterferien hat er zweimal das Glück, als Werkstudent tätig zu werden. Er verdient selbst etwas Geld, ansonsten wird er weiter von seinen Eltern unterstützt. Nebenher absolviert er seine Fahrprüfung. Wieder zurück im Studium, wollen nicht alle Prüfungen beim ersten Anlauf gelingen. Ihm fällt nichts in den Schoß. Auch er muss üben, üben, üben und einige Prüfungen wiederholen. Schließlich wechselt er zu dem neu eingeführten Studiengang: Verfahrenstechnik. Hier gefällt ihm alles besser, es ist ein Studiengang, wo man immer und überall den Überblick behalten kann und muss. Nun kommt ihm zugute, dass er früher so viel gepuzzelt hat. Zusätzlich kann er mit seiner Körperhöhe von 1,96 m bereits mehr überschauen. Das sechs Semester währende Studium schließt er als Ingenieur der Verfahrenstechnik ab. Nun weiß *M*, dass er auf dem richtigen Weg ist. Er fasst mehr und mehr Vertrauen zu sich selbst. Früher hatte er Angst vor Versagen und wurde gemobbt, jetzt ist er einer der wenigen, die bereits ein Studium absolviert haben.

Das Leben sendet ihm immer neue Aufgaben und so knüpft er in der Hochschule zu jemandem Kontakt, der in den Semesterferien an Skifahrten und Hochtouren-Wanderungen teilnimmt. Zu den Skifahrten bilden sich vorher Fahrgemeinschaften. Einmal fährt er als erster mit dem Auto vorneweg. Zunächst müssen alle die Kontrollen an der Berliner Grenze über sich ergehen lassen. Man ist den Kontrollorganen immer wieder ausgeliefert und hofft, dass alles gut geht. Nach dem Berliner Ring geht es auf die Transitstrecke. Er kennt sich hier gut aus, die Strecke fährt er mindestens drei Mal im Jahr. Diesmal jedoch ist alles im Nebel. Man kommt nur im

Schneckentempo vorwärts. Im Rückspiegel sieht er die Scheinwerfer vom nachfolgenden Fahrzeug. Während der DDR-Zeit darf man als West-Berliner nicht jeden Parkplatz ansteuern. Er verliert total die Orientierung und fährt auf einen LKW-Parkplatz. Erst jetzt stellt er fest, dass ihm mindestens 20 Autos folgen. Sofort ist die Volkspolizei zur Stelle und fragt nach, wie er auf die Idee kommt, auf diesen Parkplatz zu fahren? Nach einer kurzen Erklärung, dass er sehr angespannt fährt, da er in diesem starken Nebel nichts mehr sehen kann und dringend eine Pause benötigt, können alle weiterfahren. Das Wetter wird wieder besser. Die gesamte Fahrt entspannt sich im Anschluss. Endlich erreichen alle den Skiort und ihre Unterkunft. Am nächsten Tag trifft man sich im Skigebiet auf der Piste. Jetzt muss jeder vorfahren. Er kann schon gut fahren und so kommt er immer zu den besseren. Haben sich die vielen vorhergehenden Skikurse doch gelohnt!

Bei seiner ersten Klettertour in den Dolomiten mit anderen Kommilitonen aus der Hochschule hat er seine Schwierigkeiten. Sie wandern zunächst durch einen in den Fels gehauenen Steig. Alle tragen zur Sicherheit ein Brustgeschirr. An der Felsseite befindet sich in ca. 1 m Höhe ein Stahlseil. Hier hängt man sich zur eigenen Sicherheit mit seinem Karabiner ein, der wiederum mit dem Brustgeschirr verbunden ist. Im Falle eines Sturzes ist man dann zumindest etwas gesichert. Dieser Steig ist ca. 60 cm tief und ca. 1,95–2,00 m hoch. *M* hat hier, mit seiner Körperhöhe von inzwischen 2,00 m, der dicken Sohle an den Wanderschuhen und dem noch um 10 cm höheren Rucksack keine Chance, stehend hindurch zu laufen. Er bekommt seinen eigenen Bergführer und fühlt sich wie ein junger Ziegenbock am Strick, der hinter dem Bergführer herläuft. Sie erreichen die Hütte und am nächsten Tag geht es ohne Gepäck zum Klettern. Beim Bergklettern heißt es, der Berg habe 1 000 Griffe und Tritte. *M* sieht diese nicht und merkt, Klettern ist nicht wirklich sein Ding. Irgendwann kommt auch er oben an. Sie befinden sich auf einem Plateau. Nun heißt es Abseilen. Für ihn ist es das erste Mal. Beim Abseilen hat er wieder sein Brustgeschirr an und der Bergführer hat ihm aus einem Seilstück noch einen Sitzgurt hergestellt. Ein Sicherungsseil ist am Brustgeschirr befestigt. Ein zweites Seil wird zunächst durch eine Hand, dann über die Schulter und schließlich durch die andere Hand geführt. Dazu werden die Finger jeder Hand entsprechend zu einer leichten Faust geformt. Während man sich mit den Füßen vom Felsen abstößt, sollte man beide Fäuste leicht öffnen, damit man ein Stück an dem Seil hinunterrutschen kann. Gleichzeitig lässt der Bergführer das Sicherungsseil etwas nach. Alles ganz einfach, wenn man weiß, wie es geht. Bis *M* jedoch kapiert hat, welches Seil er zuerst durch die Handschuhe gleiten lassen muss, hängt er kopfüber an der Steilwand hinunter. Irgendwann bekommt er den Dreh heraus und weiß, wie es geht. Jetzt beginnt der Spaß. Alle bereits Abgeseilten rufen von unten herauf, dass er es gut macht. Das gibt Selbstvertrauen zurück. Beim Abstieg, am letzten Tag, stoßen die Wanderer auf einen Bergsee. Einige sind so wagemutig, ziehen sich aus und stürzen sich gleich hinein. *M* überlegt erst noch, zieht sich dann auch aus, hält die Hände bis zum Unterarm kurz rein, denkt noch, wird nicht so kalt sein, will mithalten und springt mutig hinein. Leider ist es so kalt, dass er meint, sein Herz bleibt stehen. Bei ihm zieht sich alles sofort zusammen. Mit schnellen Stößen ist er wieder am Ufer und klettert hinaus. Erst jetzt sieht er mehrere Skelette von Gämsen direkt neben sich liegen. Spontan denkt er, die hatten nicht so viel Glück und haben nicht überlebt. Er trocknet sich ab und zieht sich wieder an.

Diesmal muss *ich* meinen Unmut kundtun: *„Dieser Sprung ins kalte Wasser soll Dir zeigen, dass es manchmal besser ist, auf einiges zu verzichten!"*

Im Anschluss wird im ewigen Eis gewandert. Hier hat *M* bereits Erfahrung aus den Wanderungen mit der Familie. Fünf Wanderer hängen an einem Seil. Irgendwann hat er keine Lust mehr, klinkt sich aus der Seilschaft aus und läuft alleine zurück zur Hütte. Ganz schön mutig! Am Abend erfährt er, dass an der gleichen Stelle, wo er vorher nicht angeseilt hinüberlief, eine andere Person urplötzlich in eine nicht sichtbare Gletscherspalte gestürzt ist.

Erneut muss *ich M* zurechtweisen: *„Bedenke, auch ein einfaches Seil kann im Leben wichtig sein! Man darf sich nur ausklinken, wenn der Bergführer dies erlaubt"*.

Gott hab' Dank, wurde er mal wieder von seinem *Höheren Selbst* beschützt. Er spürt, es wird noch weitere wichtige Aufgaben in seinem Leben geben!

Mit 20 Jahren nimmt *M* an einer Hochtouren-Wanderung durch das Wallis in den Schweizer Alpen von Saas Fee nach Zermatt teil. Hier war er früher oft mit der Familie zum Skifahren. Auf der Hochtour sollen vier über 4 000 Meter hohe Berge bestiegen werden. Die Britanniahütte ist der Ausgangspunkt für die ersten drei Viertausender. Das Gepäck bleibt vorerst in der Hütte. Diese große Gletschertour geht durch gewaltige Brüche, diverse Pässe und immer wieder über einen neuen Grat. Alle haben Steigeisen unter ihre Schuhe geschnallt. *M* ersteigt in einer Seilschaft den Alphubel, 4 206 m sowie das Allalinhorn, 4 027 m und legt einen Ruhetag ein. Als Stadtmensch ist er diese Höhe nicht gewohnt. Danach besteigen alle mit Gepäck das Strahlhorn, 4 190 m. Weiter geht es erst zur Fluhalphütte, dann zur alten Monte-Rosa-Hütte. Im Bergsteigerrucksack befindet sich das gesamte Gepäck und oben darüber geschnallt ist der Biwak-Schlafsack. Dieser Schlafsack dient im Notfall zum Übernachten im Freien. Schließlich wird ohne Gepäck die Dufourspitze, 4 634 m, bestiegen. Sie wird auch Monte Rosa genannt und ist der höchste Berg der Schweizer Alpen. Zum Vergleich: das Matterhorn ist 4 478 m hoch. Jetzt hat *M* seinen inneren Schweinehund endlich besiegt. Sein Selbstvertrauen steigt und steigt. Er entdeckt, dass er von sich einiges abverlangen kann. Allerdings darf er es nicht übertreiben. Gesund und munter geht es zurück nach Berlin. Hier studiert er noch Wirtschaft. Dieses Aufbaustudium ist für ihn bedeutend einfacher.

Während er studiert, beginnt er in einem Berliner Chor mit ca. 100 Sängern in der Stimmlage Bariton zu singen. Sie geben diverse Konzerte in Berlin und einmal im Bundesstaat Utah, USA. Hier im Chor lernt er bei einer Probe die *Reine*, eine hübsche Sängerin kennen. Sie verlieben sich ineinander. Für beide ist es die erste längere

Partnerschaft. Beide nennen sich Lebensabschnittsgefährte und führen eine Schrägstrich-Ehe. Sie kommt aus Österreich, wandert gerne, ist auch eine gute Skifahrerin und so ergeben sich genügend Gemeinsamkeiten. Kulturell unternehmen beide viel miteinander. Sie gehen zu Konzerten, ins Theater, in die Oper oder ins Kino. Die *Reine* achtet sehr auf sein Äußeres. So wird *M* bei einem Herrenausstatter neu eingekleidet. Mit seinen neuen Kleidern und dem gepflegten Oberlippenbart ist er nun ein gutaussehender junger Mann. Was bessere Kleidung so ausmacht! *M* hat das Gefühl, immer wieder grundlos von wildfremden Menschen angestarrt zu werden. Darauf kann er sich bis jetzt noch keinen Reim machen.

*Ich teile M mit: „In 20 Jahren wirst Du dies verstehen, jetzt bist Du noch nicht so weit! Später wirst Du erfahren, andere erkennen bereits in bzw. an Dir ein Fanal, Licht/Leuchtfeuer".*

Nun wird er nach und nach der Familie seiner Partnerin vorgestellt. *Reine* und *M* ziehen in eine Wohnung, mit einem fantastischen Blick über die Berliner City. Beide fühlen sich hier sehr wohl. *M* ist inzwischen Diplom-Wirtschaftsingenieur. Sein erster Job füllt ihn nicht aus, er gibt einem anderen Job den Vorrang. Er plant in einem Berliner Unternehmen Industrie-Kraftwerke. Dies sind kleine Kraftwerke, bei denen z. B. warme Abluft in Strom umgewandelt wird. Geplant wird am Zeichenbrett. Er sitzt in einem Planungsbüro, zusammen mit acht Kolleg*innen. An seinem Arbeitsplatz befinden sich ein DIN-A0-Zeichenbrett, ein Schreibtisch mit Telefon sowie ein Ablagetisch für Zeichnungen, darunter steht ein kleiner Büroschrank für Aktenordner. Oberhalb vom Ablagetisch ist ein großes Altbaufenster. Hier fällt genügend Licht herein, um gut zeichnen zu können. Zunächst wird alles mit Bleistift vorgezeichnet. Dazu gehören Rohrleitungsschemata für Dampf und Kondensat, Öl, Druckluft, Kühlwasser und diverse Aufstellungspläne. Die Aufstellungspläne werden zweidimensional im Maßstab 1:25 erstellt. Mit der Zeit wächst die Erfahrung in allen Bereichen. Jeder ist darauf bedacht, dass die eigene Planung Anwendung findet. Dazu muss man diese zunächst dem Gruppenleiter und dann dem Abteilungsleiter entsprechend verbal verkaufen. Sind alle Zeichnungen mit den entsprechenden verbindenden Rohrleitungen fertiggestellt, werden Rohrleitungslisten erstellt. Es ist ein Computer in seinen Anfängen – bloß keine Fehler machen! Schließlich erhalten Rohrleitungsfirmen alle Unterlagen, um Preisangebote abzugeben. Kommt das Projekt zustande, werden die Bleistiftpläne von der Technischen Zeichnerin mit Tuschefüller nachgezogen. Unter den Kolleg*innen herrscht eine sehr gute Stimmung. Alle kommen gerne her, um hier zu arbeiten. *M* weiß sich gegen ständiges Gequatsche einiger seiner Kollegen zu helfen. Einmal steckt er sich in jedes Ohr ein Wattestäbchen. Mit Wattestäbchen werden sonst die verschmutzten Tuschefüller gereinigt. Natürlich hat er zwei neue Wattestäbchen in den Ohren. Das Gequatsche beginnt und er bewegt seinen Kopf ganz langsam an der einen Seite des Zeichenbretts vorbei. Dies sieht zunächst die Technische Zeichnerin und beginnt mit einem schallenden Gelächter. Andere werden darauf aufmerksam und wollen wissen, was Sache ist. Inzwischen hat er den Kopf wieder hinter sein Zeichenbrett zurückgezogen. Man sieht ihn nicht. Nach und nach entdecken die

„Viel-Quatscher" den Grund und können darüber überhaupt nicht lachen. Mit zunehmendem Selbstbewusstsein trägt er solche Situationen nun von der humoristischen Seite. Es herrscht betretende Stille. Endlich Ruhe!

Die Lebensabschnittsgefährten heiraten und beenden damit ihre Schrägstrich-Ehe. Der lang gehegte Wunsch auf eigene Kinder zerplatzt wie ein Luftballon, plötzlich und unerwartet. Bei einer ärztlichen Untersuchung erfährt M, er hätte eine Chromosomenanomalie. Nun heißt es für M und sein direktes Umfeld – mit diesem neuen Umstand klar zu kommen. Ihre Ehe bleibt kinderlos!

*Ich bin erleichtert und sage nur: „Ich bin froh, dass Du endlich weißt, was Sache ist. Dein Weg wird ein anderer sein. Nur aus diesem Grund bin ich mit Deinem Körper eine Freundschaft eingegangen! Dies wird meine letzte Aufgabe sein. Ich begleite Dich auf Deinem Lebensweg. Für Dich wird es kein leichter Weg werden. Ich bin immer bei Dir und helfe Dir in jeder Situation, die für Dich schwierig werden könnte. Kann ich nicht helfen, hole ich mir Rat. Du wirst auch auf unbequeme Leute treffen, damit bei Dir eine Weiterentwicklung stattfindet. Genieße einfach unsere Freundschaft".*

M wünscht sich, dass alle bereits durchlebten und noch kommenden Unannehmlichkeiten ihn stärken mögen!

*Reine* und M testen neue Skigebiete in Frankreich, Italien, der Schweiz sowie Österreich. Ihre schönsten Skiurlaube verbringen sie gemeinsam in den USA und Canada. Hier fahren sie in Lake Luise und Whistler Mountain. Beide können inzwischen sehr gut Skifahren und so wedeln sie parallel die Skihänge hinunter. In Whistler Mountain nimmt er am Heli-Skiing teil. Hierfür gibt es extra Skier, die breiter und kürzer sind. Gemeinsam müssen alle an einer Übung teilnehmen, wie man sich bei einem Lawinenabgang zu verhalten hat. Jeder Teilnehmer erhält einen Sender, um im Notfall schneller gefunden zu werden. Mit dem Helikopter fliegen sie auf eine verschneite, unberührte Bergspitze. Der Heli fliegt knapp über dem Schnee und alle Tiefschneefahrer springen mit ihrem Skigepäck hinaus, damit der Heli seinen Flug fortsetzen kann. Nun werden die Skier angeschnallt und der Spaß beginnt. Bei der ersten Abfahrt bereitet der Tiefschnee *M* große Probleme. Einige Male stürzt er und muss sich immer wieder ausbuddeln. Dies kostet viel Kraft. Schließlich kapiert *M*, wie es geht und bucht nach zwei Flügen einen dritten hinzu.

# BERUFLICHER AUFSTIEG

Beruflich möchte *M* unbedingt aufsteigen und beschließt, sich einen neuen Job zu suchen. Bei der bisherigen Firma will nichts klappen. Noch bevor er bei einer neuen Firma beginnt, geschieht ein Wunder! Die Berliner Mauer wird plötzlich geöffnet, für beide völlig überraschend. *Reine* und *M* lassen es sich nicht entgehen, in dieser Euphorie direkt am Kurfürstendamm mit dabei zu sein. Somit stehen ihnen plötzlich ungeahnte Möglichkeiten offen. Man muss sich völlig umgewöhnen. Es gibt keine innerdeutsche Grenze mehr, jeder kann in Deutschland dort lang fahren, wo er möchte.

*M* wird Planungsleiter. Er plant, projektiert und überwacht den Aufbau von Produktionsanlagen in einem Betrieb der Nahrungsmittelindustrie. Später ist er zusätzlich für das Hauptwerk tätig. Neben der Arbeit beginnt er mit weiteren Studiengängen, diesmal im Fernstudium. *M* wird Fachkraft für Arbeitssicherheit und Immissionsschutzbeauftragter. Beide Studiengänge ziehen sich über vier Semester neben der Arbeit hin. Auch lernt er viel zum Thema Abfalltrennung. Damit bekommt er in Berlin Kontakte zu den Behörden, wenn es um Fragen der Sicherheit oder Fragen zum Bundes-Immissionsschutzgesetz geht. Die Studiengänge neben der Arbeit belasten ihre Ehe extrem! In der neuen Firma kommt er nicht weiter. Sicherlich lernt er viel hinzu, es gibt aber auch jede Menge Widersacher, die nicht möchten, dass er auf der Karriereleiter zu weit nach oben steigt. Dies bekommt er von seinen Arbeitskollegen aus anderen Bereichen zu spüren. Sie legen ihm immer wieder große Steine in den Weg. Nur dank seines inzwischen enorm weitgefächerten Wissens geht er als Sieger hervor. Und doch stellen sich bei ihm verschiedene Zipperlein ein. Ein Kollege empfiehlt ihm, Bücher von Dale Carnegie zu lesen. Für *M* beginnt nun seine esoterische Suche nach dem eigenen Ich.

Die *von Gott Geliebte* verstirbt. *Reine* und *M* richten die Wohnung neu her und siedeln ins Elternhaus. Einmal muss *M* für seine *Reine* den Notarzt rufen. Sie wird sofort ins Krankenhaus gefahren und operiert. Er fühlt, dass es um sie nicht gutsteht, wünscht ihr aber bei der Verabschiedung noch: „Viel Spaß"! Diesmal läuft er zu Fuß nach Hause und bleibt auf der Brücke über den Teltow-Kanal stehen. Hier schickt er ein Stoßgebet in den Himmel. Er bittet darum, dass seine *Reine* diese OP gut überlebt und schnell gesundet, weiterhin ist ihm alles recht, was danach passiert, auch eine Trennung! Zuhause angekommen ruft er alle Verwandte, Bekannte und Freunde der *Reinen* an und bittet darum, ganz fest an diese zu denken und ihr damit Lebensenergie zu senden. Sie übersteht die Notfall-OP wohlbehalten. Kurze Zeit später sind die behandelnden Ärzte sichtlich überrascht, dass ihre Patientin so schnell gesundet. Einmal im Jahr fährt die *Reine* nun zur Kur. *M* besucht sie dort und beide fahren das erste Mal zu einer Lebensberaterin. Er glaubt nicht ans Wahrsagen. Ihm ist dort alles sehr suspekt. Obwohl er auf keinen Fall zur Sitzung möchte, steht er plötzlich im Raum, setzt sich hin und die Frau beginnt alles Mögliche über seine Person zu erzählen.

Alles stimmt! Die Lebensberaterin offenbart ihm, dass er selbstständig wird und später in einem völlig anderen Beruf tätig sei, usw. usf.! *M* ist nun wieder um einige Neuigkeiten reicher, die sein Leben betreffen. Zwischen Himmel und Erde ist mehr möglich, als er je zuvor erwartet hat. In Berlin findet er eine Lebensberaterin seines Vertrauens, die er hin und wieder aufsucht. Er gewinnt für sich selbst eine wichtige Erkenntnis: Sein Leben wird bereits von seinem *Geist*, seinem *Höheren Selbst* und *mir* gesteuert! Auch erfährt er, dass seine *Reine* und er mit einer jeweiligen anderen Person zusammenleben werden. Kurze Zeit später trennen sie sich und bleiben gute Freunde. Beide wollen ihr Glück neu versuchen! Sie zieht in eine gemietete Wohnung. *M* bleibt im Haus wohnen. Die gemeinsame Zeit mit der *Reinen* hat ihn weitergebracht. Zusammen haben beide eine sehr schöne Zeit verbracht und jeder hat vom anderen gelernt.

Nun ist er bereits seit 17 Jahren in Berlin als angestellter Ingenieur tätig und lernt ständig hinzu. Hier im Produktionsbetrieb müssen alle Anlagenteile rechtzeitig geplant, aufgestellt und in Betrieb genommen sein. Die Chargen sind bereits verkauft, lange bevor die Produktion in Betrieb geht. Im Betrieb ist der Ton inzwischen rauer geworden. *M* lässt sich nicht mehr alles gefallen und vertraut auf seine innere Führung. Schließlich wird der Produktionsbetrieb verkauft und die Mitarbeiter nach und nach entlassen. Er sucht auch einen neuen Job. Als Berliner will er unbedingt in Berlin bleiben. Bei einem Berliner Unternehmen darf er sich als Sicherheitsingenieur vorstellen. Er spricht vor 16 Personen. Die anwesenden Damen und Herren sind begeistert und sagen im

Anschluss, er wäre der Beste, sei aber leider eine Stunde zu spät gekommen. *M* dementiert, da er zuvor von einer Frau aus dem Unternehmen angerufen wurde, ob er auch eine Stunde später kommen könnte. Natürlich geht man als Bewerber davon aus, dass ein großes Unternehmen weiß, was es tut. Die Stelle bekommt er nicht, dafür aber die Bestätigung, dass er im Recht ist.

Diesmal melden sich sein *Geist* und *ich*, seine *Seele*: „*Wir haben mit Dir etwas viel Größeres vor. Warte ab und lass geschehen!*"

*M* fühlt sich innerlich stark und spürt, dass der richtige Job noch kommt. Bei mündlichen Absprachen wird er sich nun immer alles schriftlich geben lassen.

## NEUE ROLLENORIENTIERUNG

Nach der Trennung beginnt für ihn ein Neues Sich-finden. Bisher kennt er nur das Zusammenleben mit seiner Frau. Was kommt nun auf ihn zu, wie möchte er weiterleben? *M* lässt halb freiwillig, halb unfreiwillig wieder von diversen Menschen los, damit er sich weiterentwickeln kann. Auch informiert er sich zum Thema Chromosomenanomalien. Im Internet stößt er auf eine SHG (Selbsthilfegruppe) und tritt dieser bei. Hier erhält er entsprechende Informationen über angebliche Auffälligkeiten. *M* möchte erfahren, wie seine sexuelle Orientierung auch aussehen könnte und sich für alles öffnen, egal was auf ihn zukommt. Wie wird es weitergehen?! Intuitiv besucht er eines Tages das vierte lesbisch-schwule Stadtfest in Berlin. Das Stadtfest befindet sich noch in den Kinderschuhen. Er betritt Neuland und sieht sich erst einmal die verschiedenen Informationsstände an. Schließlich geht er zum Abtanzen auf eine freistehende Tanzbühne. Mit Abtanzen lassen sich auch alte Illusionen auflösen. Er tanzt einfach drauf los. Für ihn beginnt ein völlig neues Leben. Nun erfährt auch er am eigenen Leib, dass es zwar nichts ausmacht, bisexuelle Menschen zu kennen, für manche Familienangehörige und Bekannte jedoch ein großer Unterschied ist, ob sich ein Bisexueller in der eigenen Familie oder im nahen Bekanntenkreis befindet. Meist sind es diejenigen, bei denen man am wenigsten damit gerechnet hat. Eine Menge der Bekannten brechen einfach weg oder meiden, wie auch einige aus der eigenen Familie, zunächst den Kontakt zu ihm. Diesmal wird er von anderen einfach losgelassen. Nun besucht *M* Selbsthilfegruppen von Bisexuellen und lernt, dass auch andere Personen Schwierigkeiten haben. Sexuelle Vielfalt beinhaltet verschiedene Geschlechterrollen, in die man hineingezwängt wird, in denen man lieber leben möchte oder eher ablehnt. Mit den Bisexuellen nimmt er an seinem ersten CSD (Christopher-Street-Day) in Berlin teil. Sie haben einen eigenen Wagen, den er als so genannter Wagenengel die gesamte CSD-Strecke auf Inlinern dicht am Wagen begleitet. Wagenengel tragen dazu bei, dass weder Demonstranten noch Passanten unter den Wagen gelangen und überfahren werden. An der Strecke trifft er auf Bekannte, die scheinbar noch nichts von seiner Neu-Orientierung wissen und nun so tun, als ob sie ihn nicht kennen würden. Hier hilft es ihm sehr, dass er bereits gelernt hat, über den Dingen zu stehen und an sich selbst zu glauben. Einmal wird ein Workshop „Hyperventilieren" angeboten und *M* ist mit von der Partie. So etwas hat er bisher noch nicht erlebt. Er befindet sich in einem Trance-Zustand und sieht sich selbst als Vogel-Wesen durch die Lüfte schweben, über diverse Berge hinweg.

Von einem Freund lernt er, mit einem Pendel umzugehen und sich selbst die Karten zu legen. *M* kauft sich sein erstes Pendel. Das Pendel hängt an einer ca. 20 cm langen feingliedrigen Kette, die an einem ca. 1,5 cm großen Ring befestigt ist. Das Pendel hat eine Spitze und läuft konisch auf diese zu. Nach und nach findet er für sich heraus, dass es egal ist, ob es sich bei dem Pendel-Material um Stein, Holz oder Metall handelt. Wichtig ist, dass das Pendel nicht magnetisch angezogen werden kann. Dies verfälscht sonst das Ergebnis. Für kurze Zeit arbeitet er mit einem Pendel-Buch eines Freundes, kommt aber für sich zu dem Schluss, dass er dies nicht benötigt. Auch hier geht er seinen eigenen Weg. Als erstes lernt er, zu bestimmen, wo sich JA und NEIN befinden. Dazu zeichnet er einfach einen senkrechten Strich auf ein Blatt Papier. Im oberen Viertel durchkreuzt er den senkrechten mit einem waagerechten Strich. Nun ist ein Kreuz entstanden und auf der oberen linken Seite des Kreuzes schreibt er ein J für „Ja" hin. Oben rechts ist dann „Nein" und so schreibt er dort ein N hin. Um ganz sicher zu gehen, hält er das Pendel unterhalb des Kreuzes und fragt nach, wo „Ja" ist. Schwingt das Pendel ohne Nachhilfe mit der Hand in Richtung J, ist alles in Ordnung. Schwingt es in die andere Richtung, kann man einfach J gegen N tauschen und versucht sein Glück erneut. Schwingt es wieder in eine andere Richtung, legt man das Pendel erst einmal beiseite und versucht es später wieder. Für ihn bedeutet es, wenn ein Pendel im Uhrzeigersinn schwingt, dann ist die Energie einer Person oder auch eines Raumes positiv. Schwingt das Pendel dem Uhrzeigersinn entgegengesetzt, ist die Energie negativ. Sinnvoll ist es für ihn, genau zu erfragen: „Wie ist die Energie in diesem Raum?" „Wie ist die Energie einer Person (Name)?"

Auch mit dem Auflegen verschiedener Kartendecks kann man eine Entscheidung treffen. Meistens führen alle zum gleichen Ziel. Es gibt I-Ging-Karten, verschiedene Tarot-Karten, Engels-Karten, etc. Verschiedene Auslegungen der Karten sind in Büchern zusammengefasst, manche sind einfacher zu lesen, andere schwieriger. So legt er sich z. B. zur Entscheidungsfindung selbst die Karten. Am meisten Erfolg hat er jedoch mit dem Pendel. Er sieht es als eine Verbindung ins Universum an.

Wieder und wieder ist *M* neu befreundet und stellt für sich fest, dass er aus jeder Beziehung etwas für sein weiteres Leben hinzulernt. Meistens lernt er, wer noch zu ihm passt und wie er nicht leben möchte! Er empfindet es als eine Art Prüfung! Jede dieser Prüfungen stärkt sein Selbstvertrauen. Als Ingenieur arbeitet er im Berufsleben mit Personen aus verschiedenen Positionsbereichen zusammen. Manche davon klingen für ihn sehr interessant. Er möchte es auch einmal so weit bringen. Diese Positionen nennen sich Projektleiter, Leiter der Verfahrenstechnik oder auch Oberbauleiter. Die Produktionsfirma, für die er noch tätig ist, wird nach einiger Zeit aufgelöst. Seine Aufgabe ist es nun, die Produktionsstätte in ihre Einzelteile rückbauen zu lassen. Die Anlagenteile werden auf andere Standorte verteilt. Er wickelt die Firma mit ab. Ja, es ist ein komisches Gefühl, etwas abzuwickeln, was man teilweise mühevoll geplant und mit aufgebaut hat. So ist bisher sein gesamtes Leben verlaufen, egal ob in einer Beziehung oder bei der Arbeit. Ständig baut er etwas auf und wenn es nicht mehr passt oder sich eine Situation ändert, wird alles wieder abgebaut. Hier muss er sehr viel loslassen und schließlich fällt sein Arbeitsplatz weg!

*M* ist arbeitssuchend! Für ihn öffnen sich neue Chancen. Kurzzeitig hat er den Gedanken, Psychologie zu studieren, sucht sich dann jedoch eine Fortbildung im wirtschaftlichen Bereich. Die Weiterbildung behandelt das Thema:

„Kleine und Mittlere Unternehmen zu übernehmen und zu führen". Hier erfährt er einiges über verschiedene Unternehmenstypen, ihre Vor- und Nachteile. Für ihn ist es interessant. Nur wenige seiner Kommilitonen verstehen, worum es in dieser Weiterbildung geht. Schließlich fragt er bei einem Dozenten nach, ob er einmal eine Stunde halten dürfte. Da er in der Praxis bereits viel mit sogenannten Kostenstellen zu tun hatte, möchte er seinen Kommilitonen davon berichten, damit diese den Sinn und Zweck der Veranstaltung verstehen. Er bekommt die Gelegenheit und endlich verstehen auch seine Kommilitonen, wozu bestimmte Dinge wirklich wichtig sind. Es fällt ihm immer wieder leicht, anderen etwas verständlich zu erklären! Während der Fortbildungszeit beginnt er mit dem Schreiben kleiner Geschichten in Märchenform. Vor seinem geistigen Auge sieht er sich wieder und wieder in einem größeren weißen Haus, das am Wasser liegt. Nebenbei bewirbt er sich bundesweit und erhält zeitnah einen neuen Job. Er wird für ein Ingenieurbüro in einem Pharmakonzern tätig.

Er, der nie Berlin verlassen wollte!

## DIE REISE BEGINNT

Nach vier Monaten beendet er innerhalb von vier Tagen die Fortbildung in Berlin und beginnt Ende März mit seiner neuen Ingenieurstätigkeit als Angestellter eines kleinen Ingenieurbüros. Für ihn auf alle Fälle die momentan interessantere Variante. Seine Aufgabe ist nun, als Projektingenieur die Arbeiten eines anderen größeren Ingenieurbüros für den Pharmakunden zu überprüfen. Hierfür fühlt er sich aufgrund genügender Berufserfahrung zunächst qualifiziert. Sein Hauptwohnsitz ist und bleibt Berlin. Er pendelt, übernachtet zunächst im Hotel und sucht sich eine Unterkunft über eine Mitwohngelegenheit in Mainz. Aus Berlin ist er von seiner Arbeit her ständigen Dauerstress gewöhnt. Hier ist plötzlich alles anders. Seine neue Aufgabe ist es jetzt, ein anderes, angenehmes Arbeiten für sich zu akzeptieren. Es läuft alles sehr ruhig ab. *M* wird von seinen neuen Kollegen förmlich ermahnt, endlich Ruhe zu geben! Mittlerweile fühlt er sich in diesem Job überqualifiziert. Es ist ein echter Rückschritt, wieder unten anzufangen, wo er doch bereits Projekte geleitet hat! Da ihn die Arbeit nicht wirklich ausfüllt, beginnt er mit einem neuen Fernstudium, diesmal im Bereich Gewässer und Umwelt sowie Altlasten und Abfallwirtschaft an der Fern-Universität Hannover. Es geht um Grundwasser, Abfallentsorgung auf Deponien, Verbrennung von Abfällen und vieles mehr.

Für seinen Freundeskreis in Berlin hat er kaum noch Zeit. Hier werden nach und nach ehemalige Freunde losgelassen. Dadurch entsteht Platz für Neues, derzeit Interessanteres. Mit Anfang 40 haust *M* nun zum ersten Mal in einer möblierten „Zwangs"-WG in Mainz. Eine „Zwangs"-WG ist in seinen Augen eine Wohngemeinschaft, bei der ein Eigentümer seine Wohnung an so viele Mieter vermietet wie Zimmer vorhanden sind. Man weiß jedoch nicht, ob sich die Mieter untereinander verstehen. In seinem Raum steht ein Klavier. Einmal sind seine Lebensmittel aus dem Kühlschrank von einem fremden Maler weggegessen und einmal glaubt er seinen Augen nicht zu trauen: er betritt die Wohnung und als er seinen gemieteten Raum öffnet – befinden sich dort unangemeldet die Vermieterin mit ihrer Tochter, damit die Tochter Klavierspielen kann! Auch, wenn er hier mit immer wieder wechselnden interessanten Erlebnissen des Lebens konfrontiert wird, entscheidet er sich, schnellstmöglich eine neue Unterkunft zu suchen! Hier, in dieser Wohnung, fehlt ihm seine Privatsphäre. Nur beim Inliner-Fahren kann er für sich alleine sein und Mainz etwas kennenlernen. Leider verschätzt er sich des Öfteren mit der Geschwindigkeit. Dies zieht diverse schwere Stürze mit Abschürfungen nach sich.

Bereits zu dieser Zeit singt *M* bei einem Männerchor in Frankfurt a. M. mit und trifft auf neue Freunde. Das Singen macht ihm wieder großen Spaß. Er nimmt an verschiedenen Auftritten in Frankfurt und Würzburg teil. Da er nun in Frankfurt im Chor singt, sucht und findet er seine neue Unterkunft dort und zieht im Oktober als Untermieter ein. Von Berlin nach Mainz ist er noch mit einer großen Reisetasche gezogen. Den Umzug von Mainz nach Frankfurt a. M. gestaltet er nun mit der S-Bahn. Fünfmal fährt er mit der Bahn hin und her, da sein Gepäck zugenommen hat. In der neuen Unterkunft bewohnt er ein großes Zimmer, ohne Klavier! Der Vermieter selbst wohnt in anderen Räumen. Dieser hat einen Zwerg-Schnauzer, der sich bei *M* sehr wohl fühlt und häufig im Raum liegt. Die Stadt Frankfurt erkundet er mit seinen Inlinern. Oft fährt er auf einem geteerten Weg am Main entlang. Dreimal nimmt er an Gruppenfahrten teil. Dabei rollt eine Meute von ca. 300 Leuten mit Inlinern quer durch Frankfurt über Straßenbahnschienen, Stock und Stein. Man muss unbedingt in der Gruppe bleiben, da man sonst als Fremder Probleme bekommt, wieder zum Ausgangspunkt zurückzufinden. *M* hat immer einen Stadtplan und Straßenschuhe dabei. Man kann ja nie wissen, was passiert, und sich zwischenzeitlich orientieren, wo man sich befindet. Gegebenenfalls fährt man mit den Öffentlichen nach Hause.

Nun pendelt er mit der Bahn zwischen Berlin und Frankfurt. *M* ist noch für das Ingenieurbüro tätig, da hat er die Idee, sein eigenes Ingenieurbüro zu gründen. Jedes zweite Wochenende ist er in Berlin und besucht hier ein Seminar, um sich über sein neues Ziel – die Selbstständigkeit – klar zu werden. Das Gute an diesem Seminar ist, dass sich mehrere Teilnehmer alle vier Wochen am Wochenende treffen und über ihr Weiterkommen berichten. In diesem Seminar geht es darum, über ein halbes Jahr herauszufinden, ob man eine Veränderung in seinem Leben vornehmen möchte oder nicht. Dies hat mit den Mondphasen zu tun. Bei seiner neuen Selbstfindung lernt sich *M* mehr und mehr selber kennen. Früher gelang ihm diese Suche nicht, da immer jemand um ihn herum war. Nun ist die Zeit reif! Er fühlt sich wie auf einem Abstellgleis. Erst wenn er weiß, wohin er möchte, kann er seine Fahrt fortsetzen. *M* überlegt, welche Dinge, für ihn als Kind wichtig waren. Erst jetzt erfährt er, dass man als Kind bis zum vierten Lebensjahr bereits weiß, welchen Beruf man in seinem derzeitigen Leben wählen möchte. Meist wird dies von den Älteren abgetan. Hauptsächlich ging es bei ihm immer um Themen in Verbindung mit Wasser. Immer wieder stößt er auf das Thema Wasser, es begleitet ihn durch sein bisheriges Leben. Er lernt, sich selbst als das Wichtigste in seinem Leben zu akzeptieren. Nur wenn er auf sich selbst achtet und es ihm gut geht, kann er für eine kommende Selbstständigkeit Verantwortung übernehmen. Mit dieser neuen Selbstachtung ändert sich seine Ausstrahlung auf andere und sein Selbstwertgefühl steigt weiter. In seinem Frankfurter Zimmer hängt er alle neuen Themen an die Wand, die ihn beschäftigen. Ein neues System hält Einzug. Sind die Themen geklärt, werden die Ergebnisse aufgeschrieben und die Wände mit weiteren Themen bestückt. Persönlich beginnt er mit Wasserfarben zu malen. Dies hilft ihm, vom Alltag abzuschalten. Seine Farben sind Rot und Blau. Frankfurt a. M. ist für ihn eine offene, multi-kulturelle Stadt. Hier kann er auch abends in ein Café gehen und wird nicht gleich von allen gemustert! In einem Café trifft er schließlich auf einen Fremden. Sie kommen ins Gespräch. M erzählt von seinem Vorhaben, sich selbstständig zu machen. Der Fremde fragt, wie er sich entscheiden wird? Der *Mannhafte* wiegt die bisher ausgearbeiteten Vor- und Nachteile ab und entscheidet sich schließlich zur Selbstständigkeit. Er beschließt mit 41 Jahren, mindestens bis zum

55. Lebensjahr als freier Ingenieur zu arbeiten. Zu dieser Zeit ist er noch beim Ingenieurbüro tätig und wartet einfach ab. Kurz bevor sein erstes Beschäftigungsjahr beendet ist, kommt sein Chef eines Tages auf ihn zu und sagt, dass der Auftraggeber das Ingenieurbüro nicht weiterbeschäftigen wird. Das Ingenieurbüro kündigt deshalb auch ihm. Er könne sich aber einen neuen Job suchen und dann wird er wieder im Ingenieurbüro eingestellt. Eines ist $M$ inzwischen klar, wenn er sich einen neuen Job sucht, dann macht er alles auf eigene Kappe.

# FREIER UNTERNEHMER


Schnell gründet er sein erstes Ingenieurbüro in Berlin. Hierfür benötigt er ein Alleinstellungsmerkmal und wählt die Worte: „kreativ & zuverlässig". Ja, das passt. So hat er bisher immer gearbeitet und so wird er auch weiterhin arbeiten. Ihm schwebt ein Job im Bereich Wasserreinhaltung vor, schließlich ist dies sein derzeitiger Studienschwerpunkt. Dort braucht man aber niemanden. Stattdessen erhält er über sein eigenes Büro nun in Frankfurt a. M. einen Job im Bereich Abluftreinhaltung. Mit Abluftreinigung hat er sich ja bereits in der Nahrungsmittelindustrie beschäftigt und bringt diverse Grundlagen und Referenzen mit! Jedoch erhält er den Job nur, wenn er für sein Ingenieurbüro alle Versicherungen vorweisen kann, die eine Firma benötigt. Die Bedingungen sind hart. Die Sicherheitsleistungen steigen in Millionenhöhe. Wenn er etwas falsch macht, ist er fällig. Er schließt sofort alle benötigten Versicherungen ab und bekommt im Anschluss einen Vertrag über seine erste eigene Selbstständigkeit. Zunächst arbeitet und wohnt *M* weiter in Frankfurt. Nach einigen Wochen erfährt er, das gesamte Unternehmen zieht in den Raum Düsseldorf, NRW (Nordrhein-Westphalen). Für ihn ist klar, er zieht mit. In Berlin erhält *M* sein erstes eigenes Fahrzeug, einen VW-Polo. Damit ist er mobil und kann die Firma, für die er tätig ist, besser erreichen. Seine Arbeitsstelle befindet sich nun in Ratingen.

Über die Mitwohnzentrale sucht er eine neue Unterkunft und findet in Köln ein Zimmer. In unmittelbarer Nähe befindet sich eine U-Bahnlinie, mit den Parkplätzen sieht es eher schlecht aus. Wieder sind seine mobilen Möbelstücke mehr geworden und *M* transportiert alle Sachen diesmal von Frankfurt a. M. nach Köln. Mit einer Tasche zog er von Berlin nach Mainz, fünfmal musste er mit der S-Bahn von Mainz nach Frankfurt a. M. fahren, um seine „sieben Sachen" zu holen. Nun unternimmt er drei Autofahrten von Frankfurt nach Köln und schleppt alles 2 Stockwerke rauf zum neuen Zimmer. In Köln tritt er sofort in einen neuen Männerchor ein. Tagsüber arbeitet er als freier Ingenieur, ab Feierabend werden Spaziergänge unternommen, am Rhein Inliner gefahren, die Chorproben oder verschiedene Kneipen besucht. So lernt *M* Köln kennen. In der Freizeit beobachtet er das stete Treiben oder liest in einem Buch. Seitdem er selbstständig ist, muss er einen weiteren Teil seines Berliner Freundeskreises und damit auch einen Teil seiner Vergangenheit loslassen. Schließlich hat er mit seiner Selbstständigkeit ein neues Ziel und für ihn kann jetzt Neues auftauchen. Die Arbeit nimmt immer mehr Raum ein und ist nun das Wichtigste. Aufgrund der Selbstständigkeit und den damit wechselnden Arbeitsplätzen schrumpfen seine Freundschaften. Statt mit den Freunden beschäftigt er sich nun mit seinen neu erlernten Dingen, die es zwischen Himmel und Erde gibt. Er arbeitet inzwischen viel mit seinem Pendel oder legt sich selbst die Karten. Zusätzlich studiert er noch im Bereich Gewässer und Umwelt. Jedes zweite Wochenende ist er in Berlin.

# EINGEBUNG IN KÖLN

Nachdem *M* bereits diverse Personen kennenlernen durfte, erstellt er sich nun eine Liste mit den Eigenschaften, die ein kommender Freund besitzen sollte; so z. B. Nicht-Raucher. Der *Mannhafte* spürt sogar, welcher Tag und Ort es sein wird. An besagtem Tag geht er abends in eine Kneipe und dort ist tatsächlich jemand, auf den fast alle Eigenschaften zutreffen. Aber siehe da, derjenige will nichts von ihm wissen und so zieht *M* leicht geknickt in die nächste Kneipe. Nun ist ihm alles egal und er mag sich nur noch ein wenig amüsieren. Er betritt die Kneipe, schlängelt sich seinen Weg zur Theke, dorthin, wo er sonst auch steht. Hier sieht er einen Mann ständig vor sich hin und her tänzeln. Wahnsinn, wie sich dieser Mann bewegen kann. Der Mann kann nicht aufhören, sich zu bewegen und *M* kann nicht aufhören, ihm zuzuschauen. Beide sind sofort voneinander fasziniert. Keiner traut sich, den anderen anzusprechen. Wäre auch etwas schwer. Ist *M* doch zwei Köpfe größer als der *Tänzer* und die Musik entsprechend laut. Nach einiger Zeit wird ein Barhocker frei. *M* setzt sich darauf, bestellt zwei Kölsch und siehe da, der Barhocker neben ihm wird auch frei. Nun packt er den *Tänzer* an den Armen, zieht ihn herum und sagt: „So, jetzt setzt du dich erst einmal dort hin!" Der *Tänzer* tut wie ihm geheißen und ihm wird das Getränk hingeschoben. Beide stoßen mit ihrem Kölsch an und *M* spricht: „Jetzt erzähl mir erstmal was von dir!" Und der *Tänzer* erzählt und erzählt. Und wenn er nicht gestorben ist … ! Viel verstehen tut *M* nicht. Er denkt sich nur immer wieder: „Dialekte dieser Welt vereinigt euch". Er hört Kölner-, Berliner- und auch Sächsisches-Dialekt. Dann nimmt er seinen rechten Zeigefinger, legt diesen dem *Tänzer* auf den Mund und fragt: „Warum erzählst du mir das alles?" Dieser ist das erste Mal sprachlos! Nach einiger Zeit geht sein Redefluss weiter. Nachdem M auch einmal zu Wort kommt, erfährt der *Tänzer* auch einiges von ihm.

Hier die Version des *Tänzers* vom Abend des Kennenlernens: Der *Tänzer* schläft zuhause und wacht plötzlich auf. Er empfängt die Eingebung, in seine Stammkneipe zu gehen, ruft ein Taxiunternehmen an und fragt, wann sie ihn abholen können. Er richtet sich her und fährt zur Kneipe. Hier stellt er sich zu seinen Leuten, kann aber nicht stehen bleiben und beginnt mit dem Herumtänzeln. Plötzlich öffnet sich die Tür und in einer Schwulenkneipe schauen fast alle Anwesenden immer zur Tür, es könnte ja „Frischfleisch" hereinspazieren. So auch unser *Tänzer*, allerdings mit dem Hintergedanken: „Eine lange Dürre wird kommen". Bevor er etwas sagen kann, schauen ihn zwei Äugelein von oben an. Er schweigt! Wie er auf den Barhocker quasi gehoben wird, beginnt er mit dem Zu-Texten seines Gegenübers. Dann wird ihm plötzlich der Zeigefinger auf den Mund gelegt, mit den Worten: „Warum erzählst du mir das alles?" Nun ist der *Tänzer* sprachlos. Dies ist seiner Meinung nach noch nie passiert!

Beide mussten sich an diesem Tag begegnen! Der *Tänzer* ist starker Raucher. M stört dies nicht weiter und zieht am nächsten Tag mit seinem Hausstand zu ihm. Der *Tänzer* bemüht sich, weniger zu rauchen und raucht seitdem nur noch auf dem Balkon. Zwischen beiden entsteht nach und nach eine enge Freundschaft. Jeder wirft diverse Vorurteile über Bord. An Wochenenden fahren beide des Öfteren nach Berlin. Der *Tänzer* arbeitet im Schichtdienst und ist zusätzlich zu seinem normalen Job als Travestiekünstler unterwegs. In der Kneipe, in der sich beide kennen lernten, erhält er nun eine Auftrittsmöglichkeit. *M* unterstützt ihn, so gut es eben geht, bei der Auswahl der Kostüme. Jeder Travestiekünstler benötigt auch einen Namen und er will sich *Hetty aus …* nennen. *Hetty* wird angekündigt. Leider hat der DJ nicht mehr den gewünschten Namen parat und so erhält der *Tänzer* den Namen *Hetty von Hatja*. Ein neuer Star ist geboren! *Hetty von Hatja* kommt zunächst als Putzfrau mit Mantel, Eimer und Besen auf die Bühne, stellt Eimer und Besen ab, lässt dann ihren Mantel an ihrem Körper hinuntergleiten und steigt, nur mit einem türkisfarbenen Body bekleidet, aus dem Mantel heraus. Es ist ein ehemaliger Body einer Tänzerin aus dem Friedrichstadtpalast, der über einen Fundus in Berlin erworben wurde. *Hetty* gewinnt die Travestie-Show.

*Hetty* und *M* nehmen gemeinsam am Kölner Karneval teil. Während dieser Zeit hilft *Hetty* bereits in einer wohnungsnahen Kneipe hinter dem Tresen aus. In der Karnevalszeit und auch das ganze Jahr über trifft *M* immer wieder auf die gleichen Bekannten. Der eigentliche Unterschied ist die Verkleidung zur Karnevalszeit. Hier hat er zunächst Schwierigkeiten, zu erkennen, wer sich in dem jeweiligen Kostüm versteckt hält. Bei den Karnevalsvereinen gibt es meist einen Elfer-Rat. Wie der Name sagt, sitzen „elf" Leute in Verkleidung am hinteren Bühnenende. Der, der etwas zu sagen hat, sitzt meist in der Mitte, kündigt die Auftretenden an und fragt zuvor nach, ob man den oder die Auftretenden reinlassen wolle. Das Publikum sitzt oder steht vor der Bühne, ist meist schon leicht angetrunken und johlt: „Jaaaaaahhhhh". Da jeder größere Verein diverse Freunde aus der Karnevalsszene hat, treten bei verschiedenen Sitzungen immer die gleichen bekannten Bands und Sänger auf. Inzwischen kennt *M* einige. Die Stimmung ist jedes Mal herausragend! In jeder Karnevalssession besuchen beide nun mindestens fünf Veranstaltungen. Der *Tänzer* trägt in diesen Zeiten immer ein neues Kostüm. Diverse neue und alte Bekannte staunen, dass sie *Hetty von Hatja*, nie im gleichen Kostüm sehen und meist auch nicht sofort erkennen. Mit dem ersten weiblichen Kleidungsstück, das *Hetty* an ihrem Körper fühlt, schlüpft der *Tänzer* in das Verhalten einer Frau. Nur die Stimmlage bleibt. Beim *Tänzer* läuft dieses Verhalten unbewusst ab.

*M* geht als Geistlicher. Dies entspricht dem Äußeren seines *Höheren Selbst*. Er braucht sich nicht viel bewegen und kann beim Tanzen leicht den Rock heben. Weiterhin kann er mit seiner ernsten Miene einfach stehenbleiben und das Geschehen beobachten. Andere Anwesende meinen wieder und wieder: „Kann der auch lächeln?" Zu Karnevalsveranstaltungen trägt er eine Bibel und ein Kartendeck mit Engelskarten bei sich. Wird er angesprochen, fragt er immer: „Mein Kind, darf ich dir etwas aus der Bibel vorlesen oder möchtest du lieber eine Engelskarte ziehen". Bisher haben sich alle für eine Engelskarte entschieden! Deshalb kauft er immer wieder neue Karten. Mit seinem Karnevals-Outfit wird er auch in der wohnungsnahen Kneipe angesprochen, ob er nicht die entsprechenden Worte zur „Nubbel-Verbrennung" sprechen möchte. Er sagt zu und informiert sich erst einmal zum Nubbel und wozu die Verbrennung überhaupt dient. Dies weiß *M* inzwischen vom Nubbel und der Verbrennung: Ein Nubbel ist eine Puppe aus Stroh in alten Kleidungsstücken. Früher hing dieser Nubbel in Köln während der Haupt-Karnevalszeit oberhalb des Kneipeneingangs. Am Karnevals-Dienstag wird diese Puppe abgenommen und in die Kneipe gebracht. Kurz vor Mitternacht hat die Stimmung ihren Höhepunkt erreicht und jeder Anwesende fühlt sich wie bei einem Gericht. Dem Nubbel werden nun Missetaten vorgehalten, die er in der Karnevalszeit zwischen dem 11. 11. und dem Karnevals-Dienstag ausgeführt haben soll. Dazu gehören Fremdgehen, laut Herumjohlen, über die Stränge schlagen usw. usf. Der Ankläger ist ein Geistlicher und wird in dieser Kneipe von *M* gespielt. Damit z. B. die Schuld des Fremdgehens nicht auf andere fällt, wird der Nubbel zum Sündenbock! Auf alle möglichen Fragen des Geistlichen, wie z. B.: „Wä ess schuld, dat wir keen Jeld mehr habe?" johlt die bereits mehr oder weniger angetrunkene Kneipengemeinschaft: „Dä Nubbel ess schuld, dä Nubbel sull brenne!"

Es gibt immer eine trauernde Frau, die zu dem Nubbel hält und sich vor ihn stellt. Diese trauernde Frau ist meist *Hetty von Hatja*. Jedoch, der Nubbel wird hinausgetragen und vor der Kneipe auf den Boden gelegt. Die verkleidete Kneipengemeinschaft hat bereits brennende Kerzen in den Händen und wartet nur auf ein Zeichen, dass der „Nubbel" angezündet werden darf. Der Geistliche steht am Kopfende der bekleideten Strohpuppe, spricht noch einige Worte und die Kneipengemeinschaft entzündet mit ihren brennenden Kerzen den Nubbel. Schließlich brennt dieser lichterloh. Sinnvoll ist, dass der Geistliche mehr oder weniger nüchtern bleibt, da viele aus der Kneipengemeinschaft sich derart weit über den brennenden Nubbel beugen oder auch diesen treten, dass die verkleidete Gemeinschaft selbst zum Brennpunkt werden kann. Der Großteil der Kneipengemeinschaft will nur sehen, dass der Nubbel brennt, damit sie zurück in die Kneipe können, um weiter zu trinken. Jetzt wird jedoch keine Karnevalsmusik mehr gespielt und die Gemeinschaft beruhigt sich. Die Karnevalszeit ist vorbei. Der kleinere Teil der Kneipengemeinschaft bleibt beim Nubbel stehen. Ist die Stroh-Puppe zu Asche geworden, wird der Geistliche von einigen gefragt, ob er ihnen nicht ein Asche-Kreuz auf die Stirn zeichnen könnte! Spätestens jetzt ist *M* klar, warum es Ascher-Mittwoch heißen könnte. Für die meisten beginnt nun die 40-tägige Fastenzeit.

Der Nubbel ist damit noch nicht aus der Welt. Nach einigen Wochen wird in manchen Kneipen das Sechs-Wochen-Amt gefeiert. Auch dies wird vom Geistlichen und der Witwe des Nubbel bestritten. Der Geistliche schwingt wieder eine Rede, diesmal spricht er jedoch davon, dass die Seele des Nubbel auferstanden ist. Dazu wird den Kneipenbesuchern, die alle friedlich an Tischen sitzen, eine mit Sand gefüllte Urne gezeigt, manchmal liegt auch ein Gebiss oben auf dem Sand! In Köln hat jeder Karnevalsverein seine eigenen Feiern. Der *Tänzer* und der Geistliche werden immer wieder gern gesehen. Die Frauen der Vereine freuen sich besonders, da ihre Männer nun *Hetty von Hatja* umschwärmen. Sie haben ihre Ruhe und können sich ohne Männer austauschen.

Zu dieser Zeit ist *M* noch in Nordrhein-Westfalen tätig. Er fährt jeden Tag 75 km zu seinem Job, morgens eine Stunde hin und abends eine Stunde zurück. Man muss bloß immer zur richtigen Zeit unterwegs sein. Dann ist die Autobahn auch frei. Eines Tages ist auf dem Autobahnteilstück, weit vor seinem Fahrzeug, ein Unfall geschehen und wird für einige Stunden gesperrt. Nichts geht mehr. Zuerst ist es schon langweilig. Dann stellt sich heraus, dass in einem anderen Auto eine Lehrerin wartet. Sie hat einen Kuchen für ihre Schüler gebacken. Da sie nun nicht mehr zu den Schülern kommt, verteilt sie ihren Kuchen auf der Autobahn an die in der Nähe stehenden Autofahrer. Eine gelungene Abwechslung! Seitdem liegt seine Bibel im Handschuhfach, somit kann er etwas lesen, falls er im Stau steht. Oft ist es bisher nicht dazu gekommen. Bei seinem Job als Projektingenieur in NRW sind Rückstände aus einer Rauchgasreinigungsanlage umweltverträglich zu entsorgen. *M* entwickelt ein Verfahren. Mit den fest angestellten Mitarbeitern versteht er sich sehr gut. Es gibt immer viel zu lachen. Nach einem dreiviertel Jahr ist Schluss. *M* fragt nach einem Folgeauftrag. Dieser soll auf einer Baustelle einer Verbrennungsanlage in Bayern sein. Er überlegt nicht lang und geht sich dort vorstellen. *M* bekommt den Job, wohnt zunächst in einem Hotel und findet dann ein Appartement und zieht beruflich von Köln nach Ingolstadt. Hier hält auch der ICE und so gibt es gute Verbindungen zwischen Köln – Ingolstadt – Berlin. Seine „sieben Sachen" werden mit dem Auto von Köln nach Ingolstadt transportiert. „Ich packe in meinen Koffer …"

Auch Ingolstadt lernt er wieder mit seinen Inlinern kennen! Sein Hauptwohnsitz mit dem Ingenieurbüro bleibt Berlin. Weiterhin bleibt die Freundschaft zum *Tänzer* bestehen. Sie besuchen sich an den Wochenenden gegenseitig, entweder in Berlin, Köln oder Ingolstadt. Manche Wochenenden verbringen sie auch im Chiemgau. Einmal fahren beide zusammen mit Fahrrädern um den Chiemsee herum und legen sich an eine Badestelle. Hier unten sind in der Sonne warme Temperaturen und auf den Bergspitzen glitzert der Schnee. Ein toller Anblick. Wenn *M* nachts mit der Bahn in Ingolstadt ankommt, läuft er zu Fuß vom Bahnhof zum Appartement. Hier sieht er Waschbären oder auch Marder auf den Autodächern sitzen. Diese lassen sich nicht weiter stören. Er lässt sich daraufhin einen Marderschreck in den Motorraum seines Polos einbauen. Dieser Marderschreck sendet immer wieder einen hochfrequenten Ton aus, den die Tiere nicht hören mögen. Er hat Glück und seine Schläuche im Auto bleiben heil. *M* erfährt, dass verschiedene Autoschläuche auch mit Fischmehl hergestellt werden. Wird das Auto nun gefahren, erwärmt sich der Motorraum und die Schläuche duften nach Fisch. Dies ist für einige Tierarten Grund genug, in diese Schläuche hineinzubeißen. Nebenbei studiert er weiterhin an der Uni Hannover im Bereich Wasser- und Abfallmanagement. Die Semester-Abschlussprüfungen finden meist in Hannover und einmal auch in München statt. Hier fährt er dann zusammen mit dem *Tänzer* hin. So haben beide die Möglichkeit, sich während ihrer Fernbeziehung verhältnismäßig häufig zu treffen.

Auf der Baustelle begegnen *M* neue freie Mitarbeiter. Einer davon besitzt bereits eine eigene GmbH. Dies interessiert ihn sehr. Während der Fortbildung in Berlin hat er sehr viel über verschiedene Unternehmensformen erfahren und so entscheidet er sich im Alter von 42 Jahren dazu, selbst eine GmbH zu gründen. Gesagt – getan! Das Ingenieurbüro bleibt bestehen. M erhält die Eingebung, weiterhin mindestens bis zum 55. Lebensjahr tätig zu sein. Bei der Verbrennungsanlage ist er Inbetriebnehmer. Zu seinen Aufgaben zählen die Erstellung der Dokumentation, die Überarbeitung verfahrenstechnischer Beschreibungen und natürlich die Inbetriebnahme einer Abgasreinigungsanlage. Hier kann er viel aus seinem Studium an der Fernuniversität einbringen und lernt weiter dazu. Ab einer bestimmten Zeit werden auf der Baustelle Gerüchte verbreitet, seine Arbeit soll nicht mehr honoriert werden. Welche dieser Gerüchte wahr sind und welche nicht, kann er aus seiner Position nicht beurteilen. M besitzt inzwischen sehr viel Selbstvertrauen und erhält auch auf Nachfrage keine Information von seinem Auftraggeber. Irgendwann heißt es dann, dass er seine Arbeiten auf der Baustelle beenden soll. Die erstellten Dokumente werden noch an alle Parteien auf der Baustelle verteilt. Auch sein Auftraggeber erhält einen Satz. Nachdem er alles ausgeführt hat, räumt er seinen Arbeitsplatz leer und verlässt die Baustelle. Er kündigt das Appartement, meldet sich ab und bringt seine Sachen zurück nach Köln und Berlin. Jahre später erfährt M, dass er hier als Spielball benutzt wurde.

M ist nun im Besitz einer GmbH und eines Ingenieurbüros. Er hofft, einen neuen Auftrag zu bekommen. Dem ist nicht so! Nun beginnt die Zeit, „Klinken zu putzen". Er reist quer durch Deutschland, von A nach B, um sich hier und dort als freier Mitarbeiter vorzustellen. Es will nichts klappen. Aufgrund der schlechten Marktsituation in Deutschland für den Bereich Anlagenbau erwirtschaftet er nur Verluste. Seine neue Aufgabe ist nun, mit so wenig Geld wie nötig auszukommen. Seit Beginn seiner Selbstständigkeit lebt er bereits so, um auch Zeiten der Nichtbeschäftigung zu überstehen. Trotzdem möchte er geistig und körperlich fit bleiben. In Berlin beginnt er zum einen mit Krafttraining, einem neuen Studium und nimmt in Köln an Filmaufnahmen teil. Der *Tänzer* ist bereits als Komparse bei Filmaufnahmen in Köln gemeldet. Es wird ein Film gedreht, für den diverse Komparsen gesucht werden. Sie dürfen mitwirken. Gedreht wird in einer Kölner Bar. Beide sind später im Film zu sehen, wenn auch nur kurz.

# KRISEN-KOMMUNIKATIONSBERATER

Wie immer ändert sich in seinem Leben nichts von selbst und *M* sieht auch keine Chance, im jetzigen Bereich weiterzukommen. So versucht er sein Glück über einen neuen Weg. Er recherchiert im Internet zum Thema Unternehmenskrisen und stößt dabei auf eine Weiterbildung zum Kommunikationsberater. Ein neues Fernstudium in Berlin mit einem Abschluss an der Deutschen Akademie für Public Relations GmbH (DAPR) beginnt. Nachdem *M* sich bisher hauptsächlich im technischen Bereich bewegt hat, kommt nun eine völlig neue Richtung auf ihn zu. Warum er ausgerechnet dieses Studium gewählt hat, ist leicht zu erklären. Wenn es in unmittelbarer Nähe einer Verbrennungsanlage zu untypischen Gerüchen kommt, werden diese sofort von Anwohnern den entsprechenden Umweltbehörden gemeldet. Es sind immer verschiedene Bürgerinitiativen am Werk. Im Unternehmen kann dann eine Krise entstehen. Solchen Unternehmenskrisen möchte er nun mit seinem weiterführenden Wissen entgegenwirken. Er studiert zusammen mit anderen PR-Anwärtern, die bereits alle Berufserfahrung in unterschiedlichen Bereichen haben. Er fühlt nun sehr deutlich, dass dieses Studium nichts mehr mit Technik zu tun hat. Stattdessen beginnt er im Studium bei Null und hat alles Mögliche zu lernen. Dies fällt ihm sehr schwer. Aber wo ein Wille ist, ist auch ein Weg, und er ist wieder dabei zu lernen, zu lernen und nochmals zu lernen. Gelernt wird in Berlin und in Köln. Das Studium dauert 18 Monate. Zum Studium gehören ein Praktikum sowie das Erstellen einer PR-Arbeit. Zu den Präsentationszeiten ist man dann mit den anderen Studierenden gemeinsam für eine Woche in Berlin.

Einen Praktikumsplatz erhält *M* bei einer Redaktion. Hier ist er der älteste Praktikant. Für eine Zeitschrift darf er einen Artikel schreiben.

Seine PR-Arbeit behandelt das Thema: Chromosomenanomalie 47,XXY

Der Titel lautet: XXY – Ein Wunder der Natur?!

*M* trifft die Entscheidung, eine Strategie zu entwickeln, die Betroffene und Angehörige sowie Ärzte und Wissenschaftler über das KS (Klinefelter-Syndrom) aufklärt. KS ist eine von vielen angeborenen Chromosomenanomalien. Während der Chromosomensatz bei Männern 46,XY und bei Frauen 46,XX beträgt, lautet dieser bei KS-Trägern 47,XXY. Dabei weist das Y auf eine Person mit männlichem Erscheinungsbild hin. Zu diesem Zeitpunkt leben in der Bundesrepublik etwa 80.000 Jungen und Männer mit diesem Syndrom. Die Geburtenhäufigkeit liegt bei 1:1000! 1942 beschrieb erstmals der amerikanische Arzt Dr. Harry F. Klinefelter die körperlichen Auswirkungen dieser Chromosomenanomalie. Für fünf Monate befindet sich *M* im Vorstand der SHG. Hier nimmt er den Posten der Presse- und Öffentlichkeitsarbeit wahr und schreibt einige wenige Artikel für Fachzeitschriften. In Berlin trifft er auf Organisationen, die ihm wichtige Tipps für seine Arbeit geben. *M* möchte etwas bewegen, möchte, dass die Betroffenen über sich selbst sprechen. Nichts davon ist der Fall. Bei einem bundesweiten Treffen sind nur Ärzte eingeladen, die Vorträge halten. Er vertritt die SHG, von der er nur den Vorstand kennt. Gegenüber den Vereinsmitgliedern hat er keine Ansprache. Er erhält weder Namen noch Adressen. In größeren Publikationen wurden von Ärzten nicht nur positive Aussagen verfasst. So ist zu diesem Zeitpunkt in Fachbüchern von häufiger Oligophrenie, einem verminderten Intelligenzgrad oder oft geistig unterentwickelten Personen die Rede. Wen wundert es da, warum sich so wenige zu ihrem „Anders sein" bekennen. Wer hat Lust auf Ausgrenzung?

Die Vereinsbroschüre wird neu überarbeitet. Die Druckkosten kann sich der Verein nicht leisten. Ganz überraschend meldet sich ein Spender. Mit dem weiteren Vorgehen ist *M* nicht einverstanden. Er spielt mit dem Gedanken, seine Vorstandstätigkeit niederzulegen und die Vereinigung zu verlassen.

Als seine *Alte Seele* gebe ich ihm den Rat: *„Lege die Presse- und Öffentlichkeitsarbeit nieder und tritt aus dem Verein aus! Dein Weg ist ein anderer. Nach und nach wird sich für Dich Dein gesamtes Leben wie ein Puzzlespiel zusammenfügen. Chromosomenanomalien werden frühestens in 17 Jahren als -d- (divers) anerkannt. Ausschlaggebend wird eine neue dritte Bezeichnung im Ausweis sein"*.

Aufgrund zu großer Diskrepanzen, die *M* als angehender PR-Berater nicht mit sich vereinbaren kann, tritt er aus der Vereinigung aus. Nach seinem Austritt melden sich bei ihm Betroffene aus der SHG, die sich vorher nicht getraut haben und bedauern seinen Rücktritt. Verschiedene Betroffene haben gehofft, dass sich durch seine Anwesenheit etwas im Verein ändern würde! Er versteht nicht, warum sich die Betroffenen erst jetzt melden. M steht weiterhin zu sich selbst, vertraut seiner inneren Führung, egal wie sich seine Umwelt verhält!

Im Studium besteht er alle Prüfungen. Als Kommunikationsberater versucht er nun, in der Krisenkommunikation unterzukommen. Weit gefehlt, er soll zunächst als Laufbursche anfangen. Hier kommt er nicht weiter! Er überlegt, wie er wieder eine freie Mitarbeit oder auch eine weitere Spezialisierung erzielen kann. M hat inzwischen diverse Erfahrungen einschließlich Weiterbildungen in den Bereichen Arbeitssicherheit, Altlasten, Gewässer und Umwelt, Deponien, Abfallwirtschaft sowie Sonderabfälle. Er weiß zu viel und leider nicht gerade das, was für die Firmen angeblich wichtig ist! Mit dabei ist auch der Verkauf von Biomasse-Anlagen. Auch überlegt er, eine eigene neue Kompostieranlage aufzubauen. Hierfür fehlt ihm allerdings das nötige Kleingeld.

M besucht verschiedene Messen und trifft auf eine Angestellte eines Überwachungsvereins. Der Verein ist an Seminaren interessiert, allerdings müssen diese von einer Umweltbehörde zertifiziert sein. In Berlin setzt er sich mit der Umweltbehörde zusammen. Hier wirken noch seine guten alten Kontakte aus der Zeit beim Nahrungsmittelproduzenten. Man möchte ihm gerne weiterhelfen. Er entwickelt drei verschiedene Praxisseminare. Eines davon, „Erfolgreiches Störfallmanagement", wird staatlich durch die Senatsverwaltung für Stadtentwicklung Berlin anerkannt. Die Anerkennung ist auf zwei Jahre zeitlich begrenzt. Auf verschiedenen Messen bietet *M* nun sein Seminar entsprechenden Firmen an. Die großen Firmen sind zwar interessiert, buchen aber ihre Seminare zwei Jahre im Voraus. Er solle im nächsten Jahr wiederkommen! Dies hat wenig Sinn, da das Seminar auf nur zwei Jahre begrenzt ist! Den Überwachungsverein spricht er ebenfalls an. Auch hier ist ein sehr großes Interesse vorhanden. Allerdings soll er all seine Rechte, die er für dieses Seminar erworben hat, für wenig Geld an den Überwachungsverein abtreten. Das kommt für ihn nicht in Frage. Er soll für seinen riesigen Aufwand, seine Recherche, nun plötzlich so abgespeist werden? Er bietet das Seminar selbst an, organisiert ein Hotel, handelt die Bedingungen aus, inseriert in Fachzeitschriften, schreibt diverse Firmen an und sagt schließlich alles wieder ab, wenn die entsprechenden Seminarbuchungen fehlen. Daraus entwickelt sich schließlich eine Art Sport. Tatsächliche Kosten, auf denen er sitzen bleibt, sind die Inserate.

# GEISTIGES HEILEN

Es will und will einfach nichts klappen. *M* hat seinen absoluten Tiefpunkt erreicht! Er weiß nicht weiter und versteht nicht, warum er trotzdem guter Dinge ist. Eines Tages, auf dem Weg zum Zahnarzt, hat er plötzlich die Eingebung, „heilende Hände" zu haben. Und nun? Er spricht mit seiner Lebensberaterin über sein neues Thema. Sie empfiehlt ihm gleich eine Bekannte, bei der er sich ausbilden lassen kann. Weiterhin erfährt *M*, dass er ein sehr spiritueller Mensch sei und eine andere Bestimmung hätte. Er wäre mit mir, seiner *Alten Seele* zusammen und war in früheren Leben bereits als *Geistheiler* tätig. Zu späterer Zeit wird er sich komplett dem Geistigen Heilen zuwenden und in einem weißen Haus arbeiten, das am Wasser liegt. Da ist es wieder: „Das Weiße Haus, das am Wasser liegt!"

Für eine weitere Ausbildung fehlt ihm nun das nötige Kleingeld. Eine Bekannte empfiehlt ihm das Buch: „Reiki Essenz; Der Wegweiser zu einer alten Heilkunst" von Diane Stein[1]. Sein erstes Wissen eignet er sich mit Hilfe dieses Buches an. Hier lernt er Symbole, die beim Geistigen Heilen negative Energien aus energetischen Bahnen abziehen und positive Energien hinzufügen. Diese Symbole lassen sich leicht merken. Er geht wieder seinen eigenen

---

[1] „Reiki Essenz; Der Wegweiser zu einer alten Heilkunst"; Diane Stein; Copyright 1997 der deutschen Ausgabe, Verlag: „Medizin & Neues Bewusstsein"

Weg. Nach wenigen Monaten hat er sich ein entsprechendes Wissen angeeignet, fährt zum *Tänzer*, recherchiert im Internet und telefoniert mit einer Reiki-Lehrerin, die Einweihungen anbietet. Sie verabreden sich für den nächsten Tag. Dort angekommen, trägt *M* sein Anliegen vor und wird sofort in den ersten Reiki-Grad eingeweiht. Er ist sich sicher, während seiner Einweihung erfährt er eine Erleuchtung! Dabei handelt es sich seines Erachtens um eine hell leuchtende, weiß/silbrig glitzernde Säule, die für ihn kurzzeitig oberhalb des Energiefeldes „Kronen-Chakra" innerlich spür- und sichtbar ist. Er fragt die Reiki-Meisterin, ob sie etwas Ähnliches gesehen hat? Sie bestätigt dies. Es heißt, eine Erleuchtung kann entstehen, wenn beide Gehirnhälften zeitgleich agieren. Die Meisterin weist ihn noch darauf hin, dass sich der Körper innerhalb von 21 Tagen nach einer Einweihung auf den jeweiligen Reiki-Grad einstellt. Er solle sich bewusst ernähren. Weiterhin fragt sie ihn, ob er wüsste, wie sich die Heilkräfte anfühlen? *M* verneint! Daraufhin erhält er das erste Mal selbst die universale Lebensenergie, Reiki. So etwas hat er noch nicht erlebt, überall dort, wo die Reiki-Meisterin ihre Hände auflegt, wird es sofort sehr warm!

Jetzt gilt es, dieses Geistige Heilen bei sich selbst und dem *Tänzer* anzuwenden. Seit diesem Tag gibt sich *M* täglich die universale/universelle Lebensenergie. Sein Partner ist zunächst noch etwas skeptisch, merkt aber gleich beim ersten Mal ein leichtes Kribbeln in verschiedenen Körperteilen, so als ob man an einen elektrischen Weidezaun greifen würde. 21 Tage lang verzichtet der *Mannhafte* vor allem auf Alkohol und zu schwere Mahlzeiten. Dies fällt ihm leicht, da er sowieso kaum Alkohol trinkt.

*Ich* kann *M* endlich gratulieren und sage: *„Herzlichen Glückwunsch, Du bist nun auf dem richtigen Weg. Ich werde dafür sorgen, dass Du neue Aufträge bekommst. Die universale Lebensenergie wird Dein Leben komplett ändern!"*

Tatsächlich, nach zwei Jahren ohne Verdienst aus einer Ingenieurstätigkeit hat er sein bisher tiefstes Tal alleine durchschritten und es geht wieder bergauf. Zuerst bekommt er einen Auftrag von einem Hamburger Unternehmen und kurze Zeit später einen bei einem Münchener Unternehmen. M nimmt beide Aufträge an. Den Auftrag für das Hamburger Unternehmen wickelt er von Berlin aus ab. Hier wird er als Sachverständiger herangezogen. Beim Münchener Unternehmen ist er direkt vor Ort tätig. Diesmal sucht und findet er gleich Mitwohngelegenheiten. Damit fährt er gut und wohnt mal hier, mal dort. Wenn es möglich ist, läuft er zur Arbeitsstelle hin und zurück. So lernt er München kennen. Dank dessen, dass er sich als Ingenieur in allen Bereichen sehr gut auskennt, wird er als freier Mitarbeiter über seine GmbH zu weiteren Aufträgen verschiedenster Art eingesetzt. Erst jetzt fällt ihm auf: wäre er durchgängig in der gleichen Branche beschäftigt geblieben, hätte er sich weder zum PR-Berater weitergebildet noch mit Reiki beschäftigt! Endlich spürt er wieder festen Boden unter den Füßen und freut sich, gut beschäftigt zu sein. Aufgrund der erlebten Erleuchtung schlägt er seinen neuen Weg ein.

*Ich* bin sehr darauf bedacht, dass *M* sich mit dem Geistigen Heilen beschäftigt und treffe *mich* mit der Seele der Reiki-Meisterin. Kurze Zeit später meldet sich die Meisterin bei *M*. Sie bietet ihm die Fortbildung zum Reiki-Meister und -Lehrer an. *M* freut sich auf ein Weiterkommen, willigt ein, reist nach Köln und lässt sich in den zweiten Reiki-Grad einweihen. Zurück in München beginnt weiterer Verzicht auf Alkohol und zu schweres Essen. Zur Meister-Ausbildung soll jeder Teilnehmer ein Referat halten. Seitdem er in München arbeitet, schlendert er oft nach der Arbeit durch diverse Buchläden. Hier auch Esoterik-Läden, die sich mit seinem neuen Thema der Heilkraft beschäftigen. Er hat vor, zum Thema Patchwork zu referieren. Jeder weiß, dass eine Patchworkdecke aus Stoffresten verschiedener Kleidungsstücke besteht. Diese Kleidungsstücke können von Personen in unterschiedlichen Zeitepochen getragen worden sein. Und nun werden diese Stoffreste zu einer neuen Decke zusammengenäht. Dadurch entstehen neue Muster. Niemand weiß jedoch, ob die Personen beim Tragen der Kleidungsstücke positive oder negative Energien hatten. Da die meisten Seelen bereits einige Leben mit anderen Seelen auf dieser Erde verbracht haben, besteht die Möglichkeit, dass unverarbeitete Dinge mit ins nächste Menschenleben hineingeschleppt werden. Der jeweilige Mensch hat dann die Aufgabe, damit fertig zu werden. Eine Möglichkeit wäre die Auflösung der noch zu verarbeitenden Aufgaben durch gegenseitige Unterstützung der entsprechenden Personen bzw. deren Seelen.

M erhält von mir die Eingebung, dass er in diesem Leben immer wieder auf Menschen trifft, mit deren Seelen ich bereits in früheren Leben Zeit verbracht habe! Mit diesen Menschen sind noch Dinge aus Vorleben zu klären. Diese Dinge wurden energetisch abgespeichert. Der gemeinsame Weg ist dann solange der gleiche, bis etwas

Bestimmtes erledigt ist. Danach trennen sich die Wege wieder und jeder wird dorthin geführt, wo es weitere Dinge zu erledigen gibt. Es ist wie bei einer Zwiebel, man gelangt an die nächste Schicht, wenn eine entfernt wird!

Die Meisterprüfung findet an einem Wochenende statt. Sie sind zu fünft in einem Haus mit Garten im Kölner-Umland. Die Gruppe besteht aus Reiki-Meister und -Lehrerin, drei Anwärterinnen sowie *M*. Zunächst ist wieder das Kennenlernen wichtig. Jeder erzählt all das, was er von sich preisgeben möchte. Danach darf jeder Teilnehmer die universale Lebensenergie von allen anderen empfangen. Dafür hat *M* extra ein Feldbett mitgebracht. Eine Person legt sich auf die Liege, wird nach Bedarf zugedeckt und erhält die gemeinsame Energie von allen anderen. Beim Geben der universalen Lebensenergie ist es möglich, dass der Geber an manchen Körperstellen spürt, dass dort etwas Auffälliges sein kann und fragt nach. *M* empfindet an allen möglichen Stellen am und im Körper Wärme. Irgendwann taucht er ab, sein Geist ist an einem anderen Ort, er spürt nur die Energie. Nach einer für ihn sehr langen Zeit findet er wieder zurück ins Hier und Jetzt. Danach hält jeder Anwärter sein Referat und im Anschluss sitzen sie in einem Kreis um ein kleines Teelicht herum. Mit geschlossenen Augen wird diesmal die universale Lebensenergie in die Kreismitte gesendet. Dazu stellt man sich in der Mitte des Kreises eine imaginäre Kugel vor, die durch die gesendete Energie größer und größer wird. Jeder der Anwesenden sieht diese Kugel vor dem geistigen Auge. Nach einer entsprechenden Zeit wird die positive Energie in die Welt gesendet und soll all jene erreichen, die diese Energie benötigen.

Bei diesem Ereignis sehen alle Anwärter ein gleißendes Licht vor dem inneren Auge!

Am nächsten Tag finden die Reiki-Einweihungen zum Meister und Lehrer statt. *M* lässt sich beide Einweihungen geben. Als Reiki-Lehrer darf er später selbst andere Anwärter ausbilden und einweihen. Nun erfolgt seine Einweihung in den 3. Reiki-Grad. Die energetischen Bahnen werden geöffnet, sämtliche Energieblockaden beseitigt und die Reiki-Symbole erneut verankert. Eine Veränderung des spirituellen Körpers findet automatisch statt. Wieder erlebt er eine Erleuchtung und sieht die weiß-silbrig glitzernde Säule oberhalb seines Kronen-Chakra. Seit diesem Zeitpunkt besitzt er die spirituelle Meisterschaft und befindet sich auf dem Weg zur Großmeisterschaft. Jeder erhält noch das entsprechende Zertifikat nach Dr. Mikao Usui und wird darauf hingewiesen, 21 Tage auf Alkohol sowie schweres Essen zu verzichten. Alle ruhen sich noch etwas aus, packen ihre Sachen und jeder geht seines Weges. *M* fährt zurück nach Köln und in der folgenden Nacht weiter nach München.

# INGENIEUR UND GEISTHEILER

*Ich* verschaffe ihm neue Aufträge. Als Ingenieur ist er nun wieder gut beschäftigt und endlich machen sich seine diversen Studiengänge in den Bereichen Umwelt, Abfallverbrennung sowie Arbeitssicherheit bezahlt. Er wird als Projektingenieur, stellvertretender Projektleiter, Leiter der Verfahrenstechnik sowie Oberbauleiter eingesetzt. Für ihn sind dies alles neue Rollen, in die er hineinschlüpft. *M* reist nach Bayern und von dort weiter nach Sachsen, nach Ungarn, in die Schweiz und einmal nach Russland. Er ist in verschiedenen Chemiewerken, Verbrennungsanlagen und Heizkraftwerken tätig und lernt weiterhin jede Menge hinzu. Alle Tätigkeiten, die er sich noch als Angestellter gewünscht hat, kommen nun wie von selbst auf ihn zu. *M* wirkt als freier Ingenieur bei der Inbetriebnahme einer Verbrennungsanlage mit. Hier werden Mitarbeiter zur Inbetriebnahme geschult. Der Umgang mit Menschen bereitet ihm wieder Freude. Lerninhalte werden verständlich transportiert.

Nachdem er eine Zeit lang über Mitwohnzentralen bei unterschiedlichen Personen in München gewohnt hat, mietet er sich dort eine Zweitwohnung. Einmal wird *M* als behördlich bestellter Oberbauleiter für die Ertüchtigung eines BMHKW (Biomasse-Heizkraftwerk) eingesetzt. Seine Aufgaben bestehen darin, den Bau und die bis zu 350 Mitarbeiter sicherheitstechnisch zu unterweisen und zu überwachen. Weiterhin muss die Ertüchtigung innerhalb der geplanten Zeit abgeschlossen sein. Alles keine leichte

Aufgabe, da es sich um eine Anlage mit beengten Montageverhältnissen im schwierigen Umfeld handelt. So sagt ihm einer der Unternehmer immer wieder, er sähe bereits einen der Monteure, die für den Abriss und Wiederaufbau zuständig sind, tot auf dem Boden liegen. So wie sich die Monteure verhalten, wäre dies jederzeit möglich! Hier auf der Baustelle arbeitet er bereits mit der universalen Lebensenergie und seiner inneren Stärke. Er muss sich etwas einfallen lassen, schließlich weiß er noch, dass man als Ingenieur auch immer mit einem Bein im Gefängnis steht. Er entwickelt eine Baustellenanweisung und lässt diese auch in die Landessprache der Monteure übersetzen. Jeden Morgen, auf der Fahrt zur Baustelle, bittet er Gott darum, dass sich alle Mitarbeiter sicherheitsbewusst bei der Arbeit bewegen und verhalten. Zusätzlich werden alle auf der Baustelle immer wieder ermahnt. In seiner Funktion als Oberbauleiter wird er von den Mitarbeitern auf der Baustelle missmutig betrachtet. *M* überlegt, wie er sich besser darstellen kann. Da kommt ihm eine Idee: Überall werden immer die beliebtesten Mitarbeiter auf Bildern dargestellt und in Räumen ausgehängt.

Da *M* scheinbar unbeliebt ist, erstellt er selbst ein Bild auf seinem Computer. Ein Inspektor mit einer großen Lupe ist über ein Haus gebeugt. Dieses Bild klebt er eines Abends auf der Baustelle von außen an seine Bürotür. Die Überschrift auf dem Bild lautet: „Unbeliebtester Mitarbeiter auf der Baustelle" und darunter steht sein eigener Name. Dies erregt Aufsehen und niemand ahnt, dass er es selbst an seine Bürotür geklebt hat. Ein Mitarbeiter sagt sogar: „Haben Sie schon gesehen, was die Ihnen an die Tür geklebt haben?" *M* zuckt nur mit den Schultern, so als ob es ihm egal wäre!

Auf der Baustelle wird eine neue Bühne mit einer Steigleiter hergestellt. Leider ist der Abstand der Steigleiter zur Wandkonstruktion zu eng. Dadurch fehlt teilweise der feste Auftritt auf der entsprechenden Sprosse. *M* fällt dies nach Fertigstellung der Leiter auf. Er bittet darum, diesen Fehler schnellstmöglich zu beheben. Der Errichter der Steigleiter widersetzt sich zunächst und sagt nur, dass erst zur Gesamtabnahme der Anlage entschieden werden soll, ob ein Rück- und Umbau erforderlich wäre. Oft genug hat sich *M* als Bauleiter bereits mit der DIN (Deutsche Industrienorm) zur Herstellung von Steigleitern auf verschiedenen Baustellen beschäftigt und kennt sich inzwischen gut genug aus. Er weiß, was falsch und richtig ist! Einige Zeit später merkt der Errichter selbst, dass er keinen festen Tritt hat und den Halt verliert. Sofort wird die Steigleiter ohne weitere Aufforderung nach der vorgesehenen Norm hergestellt.

Wird ein Mitarbeiter ermahnt, ist es sinnvoll, sich nicht mit *M* anzulegen. Sieht der Mitarbeiter seinen Fehler ein und verspricht, diese oder ähnliche Fehler nicht wieder zu begehen, ist alles okay. Einige der Mitarbeiter, für die er als Oberbauleiter mit Verantwortung trägt, widersetzen sich leider. Nun muss er andere Saiten aufziehen und die begangenen Fehler den entsprechenden Vorgesetzten der Firmen schriftlich mitteilen. Dies ist sein Glück. Alle Mitarbeiter können die Baustelle nach Erledigung ihrer Arbeiten gesund verlassen.

Hierzu erhält er eine Bestätigung in Schriftform vom Auftraggeber. Hier heißt es: „Als besonders herausragend sei die Tatsache genannt, dass es in dem schwierigen

Umfeld und den beengten Montageverhältnissen keine Unfälle gegeben hat. Dies sei auf die ständigen Hinweise des Oberbauleiters auf die Einhaltung der Sicherheitsbestimmungen zurückzuführen". *M* ist sich jedoch sicher, dass sein starker Glaube mit dazu beigetragen hat!

In Berlin besucht er seine Lebensberaterin und erfährt, dass Geistiges Heilen seine Lebensaufgabe ist! In der Öffentlichkeit würde man ihn unerwartet anstarren, da die Menschen bereits unbewusst in ihm einen aufgestiegenen Meister sehen würden. Deshalb kommen immer wieder schwierige Situationen auf ihn zu, die zu meistern sind. Er wird Menschen und auch größere Tiere geistig heilen, ein Lebensbuch sowie ein spirituelles Buch schreiben. Später lebt und arbeitet er im „Haus des Lichtes" und wird überall schicksalhaft hingeführt. *Ich lasse sie auch sagen, dass dies mein letztes Leben auf dieser Erde ist.* Wieder eine Menge Neuigkeiten, an die er sich erst nach und nach gewöhnen kann. *Mir, seiner Seele, sind diese Dinge lange klar!* Für *M* ist es wie eine Bestätigung. Wird er doch tatsächlich immer wieder von wildfremden Menschen plötzlich angestarrt. Bei anderen merkt er wiederum, dass diese ihre Arbeiten nicht weiter ausführen können. Man kann dies in etwa so erklären: In der Aura von *M* steht inzwischen geschrieben, dass er sich nicht mehr an die Wand drücken lässt. Er ist sich bewusst, dass er nun schon lange aufrecht durch sein Leben schreitet. Neben seiner Ingenieurstätigkeit ist er nun zusätzlich als *Geistheiler* unterwegs!

In seiner Freizeit in München lernt er Personen für diese neue Tätigkeit kennen. Beim Geben der universalen

Lebensenergie werden die Selbstheilungskräfte des Klienten gestärkt. Zuvor muss er jedoch jede Person fragen, ob diese die Selbstheilungskräfte empfangen möchte und ob bereits ein Arzt eine entsprechende Krankheit diagnostiziert hat. Auch fragt er immer nach, ob die Person an Gott glaubt oder nicht. Kolleg*innen an seinen Arbeitsstellen sind ebenfalls an der Stärkung ihrer Selbstheilungskräfte interessiert und freuen sich über eine schnellere Genesung. Viele seiner Kolleg*innen sind Ingenieure, die technisch denken und alles verstehen möchten. Sie empfinden durch die Selbstheilungskräfte eine angenehme Stärkung, die für sie überraschend sowie unerklärlich ist. Alle fühlen sich danach entspannter oder können sich auch entsprechend besser bewegen. Einmal ist *M* mit zwei seiner Auftraggeber zusammen in Russland. Auf dem Rückflug bemerkt er plötzlich, dass ein Kollege Angst vor einem Absturz hat. Komisch, denkt er sich. In diesem Moment weiß er, dass alle gesund in Deutschland landen werden.

Ein vorbestimmtes Erlebnis hat *M* in einem Münchener Kino. Der Film ist sehr interessant und so merkt er erst nach dem Abspann, dass eine ältere Dame neben ihm sitzt. Sie sitzen beide sehr weit links. Alle Besucher, die rechts von ihnen sitzen, drängen nun zum Ausgang auf der linken Seite. Die ältere Dame kann nicht aufstehen, da sie keine Schuhe trägt. Sie hat sich die Schuhe während der Filmvorführung ausgezogen. Zunächst steigt er über die Beine der älteren Dame, wartet aber im Hauptgang. Nachdem alle Besucher die Reihe verlassen haben, geht er zurück und fragt die Dame, ob er ihr helfen könne. Sie bejaht und er zieht ihr die Schuhe an. Danach hilft er ihr zum Ausgang. Sie möchte ein Taxi nehmen. Es ist jedoch kein Taxi in der Nähe zu sehen. Sie kann schlecht laufen und wird deshalb den gesamten Weg bis zum nächsten Taxi-Stand von ihm gestützt. Dabei erfährt er, dass die Dame überlegt, sich eine neue Hüfte einsetzen zu lassen. Nach einer Weile erzählt er ihr, dass er Reiki-Meister ist und wenn sie möchte, könne er ihr die universale Lebensenergie geben. Die ältere Dame ist gleich dazu bereit und lehnt sich an eine Hauswand. Es ist bereits spät am Abend gegen 22:30 Uhr. Er hält ihr an den Hauptenergiezentren seine Hände dicht vor den Körper. Plötzlich huscht ein Lächeln über ihr Gesicht. Die Aura der Frau wird geglättet und er trennt die Energie von ihnen beiden. Er fragt nach, wie es ihr geht und warum sie plötzlich über das ganze Gesicht gestrahlt hat? Sie antwortet, sie fühle sich gestärkt! Er bringt sie noch zum Taxi und sie verabreden sich zu einem weiteren Treffen. Die ältere Dame und *M* arbeiten nun einmal in der Woche abends zusammen. Sie erhält die Selbstheilungskräfte durch Handauflegen und zeitgleich findet ein Coaching statt. Jetzt kann sie endlich den Teil ihres Lebens erzählen, bei dem es ihr am schlechtesten erging. Er hört zu, fragt nach, bittet darum, Anfeindungen laut auszusprechen und nicht wieder hinunterzuschlucken. Sie befreit sich geistig von allem, das für sie nicht mehr wichtig ist. Von Mal zu Mal kann sich die Dame besser bewegen. *M* beginnt auch mit dem Spielen von Klangschalen. Dazu stellt er die Klangschale direkt auf ihren Körper. Die Schwingungen empfindet die ältere Dame als sehr wohltuend. Sie spürt eine Lockerung und ist erstaunt, dass es ihr mit den Selbstheilungskräften nun wieder besser geht. Sie gewinnt neue Lebensqualität. Er freut sich darüber, dass das Handauflegen mit Coaching positive Wirkung zeigt. Sie werden Freunde und arbeiten über einen längeren Zeitraum zusammen. Einmal gehen beide gemeinsam zu einer großen Steinmesse. Werden Sie von Ausstellern angesprochen, wird immer wieder vermutet, sie wären Mutter und Sohn. Ein anderes Mal erwartet die ältere Dame einen Verwandten zu Besuch. Sie möchte erfahren, wie sie sich verhalten soll. *M* schlägt vor, dass sie den kommenden Besuch einfach durchspielen können. Nachdem die ältere Dame alles gesagt hat, was ihr wichtig war, erwartet sie angstfrei ihr Treffen.

Sein Hauptwohnsitz bleibt Berlin und an den Wochenenden ist er entweder dort, in Köln oder im Voralpenland. Seine neuen Fortbewegungsmittel sind Auto, Bahn oder Flugzeug. Sein Auto ist immer noch der Polo. An den Wochenenden in den Wintermonaten fährt er nun alleine oder mit Bekannten aus München in den Alpen Ski. Im Sommer und Herbst geht er zusammen mit anderen wandern.

Eine weitere vorbestimmte Erfahrung erlebt *M* auf einer Gruppenwanderung. Alle sind schneller und so versucht er, hinterher zu kommen. Es kommt, wie es kommen muss. Beim Abstieg rutscht er auf Geröll aus und ein Stück des Weges bergab. Er hat sich am Knie verletzt. Nun ist er sich erst einmal selbst wichtig und legt sich sofort die Hände auf die schmerzende Stelle. Er sieht keine weiteren Mitwanderer und plötzlich sind doch zwei aus der Gruppe da! Einer ist Arzt. Zunächst untersucht dieser das Knie, stellt jedoch nichts fest! Dann empfiehlt er *M*, eine Schmerztablette zu nehmen, um den Abstieg besser zu meistern. *M* stimmt zu und nimmt die Tablette. Er schafft den Abstieg mit Mühe und Not. Unterwegs bekommt er Durst und möchte aus einem Bachlauf etwas Wasser trinken. Dabei rutscht ihm sein Rucksack über den Kopf und er fühlt sich unfähig, hier zu trinken. Durch die Tablette ist er leicht benebelt. Einer seiner Begleiter macht sich über ihn lustig und möchte nun zeigen, wie man aus einem Bach trinkt! Dummerweise rutscht der Begleiter aus, fällt in den Bach hinein und verletzt sich sehr stark an seiner eigenen Schulter. Nun hat der Begleiter weitaus mehr Schmerzen. Hat zuvor der Begleiter ständig genervt, welche Dinge unternommen werden können, um von den Schmerzen abzulenken, dreht sich nun der Spieß. Der Begleiter will nur seine Ruhe haben und hält sich seine Schulter. Unten angekommen wird der Begleiter sofort mit einem Hubschrauber ins Krankenhaus geflogen.

Und die Moral von der Geschicht': „Man soll sich nie über andere lustig machen!"

M legt sich dagegen täglich selbst seine Hände auf die schmerzende Stelle und stärkt damit seine Selbstheilungskräfte. Es braucht alles eine sehr, sehr lange Zeit, bis er wieder vollständig hergestellt ist. Durch die Einnahme der Schmerztablette hat er seine Füße falsch belastet. Zehen und Fersen wurden stark in Mitleidenschaft gezogen. Auf einer Baustelle, die er derzeit mitbetreut, kann er nur alles sehr behutsam und bedacht ausführen. Sein Resümee ist, dass er besser alleine wandern geht, als mit anderen Personen zusammen Gewalttouren zu unternehmen. Ab diesem Zeitpunkt wandert er nun alleine, egal ob er sein gestecktes Ziel tatsächlich erreicht oder nicht! Meist hat er dann ein Buch dabei, setzt sich unterwegs auf eine Bank oder eine Wiese und liest. Alle vorbeilaufenden Wanderer erwarten dies scheinbar nicht, und er wird immer wieder ungläubig angestarrt!

Mehr und mehr erfährt M für sich, dass er sein eigenes Ding machen muss. Das morgendliche Geben der universalen Lebensenergie bleibt sein Ritual. Da diese Energie ein Geburtsrecht ist, hat jeder die Möglichkeit, sich täglich energetisch aufzuladen und damit die eigenen Selbstheilungskräfte zu stärken. Vor jeder Autofahrt gibt er sich ebenfalls die Lebensenergie. Auf seinen Fahrten zur Arbeit von Berlin nach München wird ihm seines Erachtens des Öfteren von seinem *Geist* das Leben gerettet. Einmal drängt man ihn auf der A9 von der mittleren Spur auf die Standspur ab. Er selbst sieht sich schon im Straßengraben. Plötzlich wird das Steuer dann in die richtige Fahrtrichtung gelenkt. Ein anderes Mal hört er immer ein lautes Schlagen, weiß aber nicht, woher. In der Werkstatt sieht er, dass sich am rechten Vorderreifen auf der Innenseite das Profil ablöst. Natürlich fährt er entsprechend langsam zurück in seine Münchener Wohnung. Der Reifen wird am nächsten Tag gewechselt. Bringt er sein Auto in die Werkstatt, hat er jetzt einen Tretroller dabei. Viele Autowerkstätten möchten immer, dass man sich einen Wagen leiht. Hier zieht *M* seinen Tretroller vor. Sofern er die Geschwindigkeit von 10 km/h beachtet, darf er auch auf einigen Chemiewerksgeländen bis zu seinem Büro-Container fahren. Auf manchen Werksgeländen kann man die aktuelle Geschwindigkeit auf Solaranzeigen ablesen. Den Tretroller klappt er zusammen und nimmt diesen überall hin mit.

War sein Fahrzeug in der Werkstatt, lädt er dieses im Anschluss energetisch neu auf. Dazu wird zunächst innerhalb der Fahrgastkabine aus jeder Ecke, vordere und hintere Holmen, die negative Energie herausgezogen und danach positive hineingesetzt. Dasselbe passiert mit dem Motorraum. Man weiß schließlich nie, welche Personen mit welchen Energien, ob positiv oder negativ, am eigenen Wagen gearbeitet haben, auch wenn alle immer das Beste wollen. Damit fährt er mit seinem Auto und jeder Werkstatt gut. Im Grunde ist es wie bei einer Wohnungsreinigung. Wenn *M* in eine neue Wohnung zieht, in einem Hotelzimmer übernachtet oder irgendwann meint, die Energie in bestimmten Räumen ist nicht mehr positiv, wird aus den Ecken die schlechte Energie herausgezogen und positive hineingesetzt. Über die Ecken verteilt sich die positive Energie im gesamten Raum.

Seit neuestem beschäftigt er sich mit dem Sehen der Aura. Er übt und übt und manchmal gelingt es ihm auch. Seine Wohnung befindet sich in unmittelbarer Nähe zur Theresienwiese. Hier findet das Münchner Oktoberfest statt und einer der vielen Aussteller hat in seinem Wagen eine Wärmebildkamera. Als *Geistheiler* kann er hier seine eigene Aura sehen, sofern er direkt vor der Kamera steht. Über die Aura lässt sich der Gefühlszustand erkennen.

*M* erhält einen neuen Auftrag in der Münchner Umgebung. Dieser Auftrag soll eine längere Zeit andauern. Nun kann er endlich einem Münchner Männerchor beitreten. Dies hat er seit längerer Zeit im Sinn, wiegt jedoch immer ab, ob sich alles miteinander kombinieren lässt. Nachdem er kurze Zeit mitsingt, ergibt sich ein Nordakkord-Chortreffen in Hamburg. *M* nimmt gemeinsam mit dem *Tänzer* teil. Die Münchner Chorsänger treffen mit diversen Chören aus dem Norden Deutschlands zusammen. Beide übernachten an diesem Wochenende bei einem neuen Bekannten in Hamburg. Alle drei verstehen sich auf Anhieb und nach und nach entwickelt sich eine Freundschaft.

„Mit der Seele des Bekannten habe ich eine Verabredung getroffen. Nur deshalb seid ihr beide mit nach Hamburg gereist. Den eigentlichen Grund wirst Du erst später erfahren."

Auf einem Chorwochenende in Bayern bietet *M* als *Geistheiler* erstmals die universale Lebensenergie dem gesamten Chor an. Es sind auch Doktoren darunter. Es geht darum, dass seine Chorkollegen mittels dieser Energie länger munter bleiben. Nicht alle Sänger nehmen teil. Ein Großteil der Sänger berichten am Abend, dass sie lange nicht mehr so viel Energie an einem Chorwochenende hatten und damit lange durchgehalten haben. Die Sänger möchten am nächsten Morgen eine erneute Energiegabe erhalten. Durch die positiven Rückmeldungen fühlt sich *M* bestätigt.

Oft nehmen die Chorsänger auch am Münchener CSD teil. Einmal laufen *M* und *Hetty* mit. *M* möchte *Hetty* ein richtiges Dirndl kaufen, damit sie nicht immer ihr Karnevals-Dirndl tragen muss. Er kennt auch schon das Kaufhaus. Nachdem der CSD beendet ist, laufen beide dort hin. Die Dirndl-Abteilung befindet sich im Untergeschoss und *Hetty* lässt es sich nicht nehmen, die große Freitreppe hinab zu schweben. Unten angekommen sucht sie sich gleich eine freie Kabine. *M* findet eine Verkäuferin und fragt nach, ob sie ihnen weiterhelfen möchte. Schau an, plötzlich stehen beide im Mittelpunkt. Sie werden als einzige gefragt, ob sie einen Prosecco trinken möchten. Schließlich wird heute CSD gefeiert, es ist ihr Tag. Sogleich werden *Hetty von Hatja* mehrere Dirndl zur Anprobe präsentiert. *Hetty* kleidet sich an und öffnet den Vorhang der großen Kabine. Alle anwesenden Herren starren sie förmlich an, worauf *Hetty* mit tiefer Stimme zum Besten gibt: „Komisch, hat man hier noch nie gesehen, wenn ein Mann seiner Frau etwas zum Anziehen kauft?!" Wie auf Kommando, man hätte es nicht besser in einem Theaterstück spielen können, drehen alle Männer, die brav auf Hockern vor den Kabinen ihrer Angebeteten sitzen, die Köpfe weg und schauen auf einen imaginären Punkt.

Nachdem *Hetty* ihr neues Outfit erstanden hat, möchte sie noch eine Bluse zurückhängen. Daraufhin ruft einer der Männer zu ihr hinüber: „Na, dass sie für deine Größe hier überhaupt etwas hatten!" *Hetty* ist nicht auf den Mund gefallen und erwidert nur: „Typisch Mann, natürlich hatten sie etwas für mich, schließlich trage ich Größe 38". Alle umherstehenden Frauen nicken verständlich mit den Köpfen. Nicht jede Frau traut sich so etwas öffentlich zum Besten zu geben. *Hetty* ist überglücklich! Ein Jahr später wird ein neues Dirndl erstanden, jedoch diesmal im größeren Bekanntenkreis und das Jahr darauf ein weiteres. Diesmal sind auch Kolleg*innen von *M* mit von der Partie. Leider müssen alle erfahren, dass das Kaufhaus schließt.

Einmal noch verleben *Adler* und *M* ein gemeinsames Ski-Wochenende. Der *Adler* freut sich darüber, wie elegant *M* nun mit Kurzschwüngen die Pisten herunter wedelt. Beide empfinden es als ein sehr schönes Wochenende. Leider – das letzte Mal! Zeitweise fährt *M* auch mit dem *Tänzer* zum Wandern oder Skifahren. Der *Tänzer* ist blutiger Anfänger, wollte aber früher schon immer Skifahren. Bevor sie den Skitag beginnen, geben sie sich die universale Lebensenergie. Damit halten beide lange durch. Der *Tänzer* fährt oft lachend den Berg hinab und alle anderen besseren Skifahrer, die wesentlich mehr Erfahrung haben, verstehen einfach nicht, wieso er mehr Energie hat als sie! Es sind wieder und wieder tolle Skiwochenenden dort auf den Pisten, die Entspannung vom Arbeitsalltag bieten.

# HALBZEIT

Bald feiert *M* einen runden Geburtstag. Zuvor besucht die Familie noch das ehemalige Ostpreußen, die Heimat des *Adlers*. Dieser kann nun endlich zeigen, wo und wie er früher gelebt hat. Dazu zählen auch die kläglichen Reste vom elterlichen Hof, das Gymnasium, in dem er als Schüler lernte sowie die Kleinbahn für den Weg dorthin. Sie gehen auch auf den Friedhof und zu einem Ehrenmal gefallener russischer Soldaten. Überall werden Kränze niedergelegt. Der *Adler* ist zu diesem Zeitpunkt noch Kreisvertreter einer Heimatkreisgemeinschaft.

Dann ist es soweit. *M* feiert seinen fünfzigsten Geburtstag zuerst mit Kolleg*innen in München und am Wochenende mit Verwandten und Freunden in Berlin. Es ist ein ausgelassenes Fest. Nun können alle einmal an seinem neuen Leben teilhaben. Travestieauftritte mit *Hetty von Hatja* und einem Münchner Chorkollegen runden die Feier ab. Jeder kann mit jedem tanzen. Dies ist für einige zu viel. Nach diesem Geburtstag gibt es nur noch einige wirklich feste Freunde in Berlin.

*M* fährt zurück nach München. Auf seinen Fahrten nach München wird er insgesamt drei Mal von Zivilfahndern der Polizei angehalten. In einem Gartencenter in Bayern hat er sich insgesamt drei goldfarbene Buddhas gekauft, einen großen und zwei kleine. Der große Buddha ist bereits in Berlin. Die beiden kleinen sind links auf dem Armaturenbrett angebracht. Einer hat seinen Blick nach vorne gerichtet und beruhigt dort den Verkehr, der andere blickt auf den Fahrer und beruhigt diesen. Außerdem hat sich *M* einen neuen Bart stehen lassen und trägt oft seine Arbeitskleidung für die Baustelle. Die Polizei vermutet scheinbar immer wieder Drogen im Auto und so wird wieder und wieder das komplette Auto durchsucht. Erst wenn nichts gefunden wird, darf er seine Fahrt fortsetzen. Jetzt ist *M* jedes zweite Wochenende in Berlin. Er fährt meistens nachts. Freitagabend legt er sich nach der Arbeit einige Stunden schlafen und startet dann gegen 23 Uhr seine Fahrt nach Berlin. Dann sind die Autobahnen frei. Man schwebt sozusagen fünf Stunden lang zusammen mit dem fließenden Verkehr auf der A9 Richtung Berlin. Hier hat er genügend Platz im Auto und der Radiosender spielt vernünftige Musik. Für ihn ist es entspannter als mit der Bahn.

Montags früh startet er dann zurück nach München und ist gegen Mittag am Arbeitsplatz. Vor jeder Fahrt nach München sagt der *Adler* immer wieder, falls ihm etwas zustößt, möge sich *M* bitte um die *Schutzgöttin* kümmern. Kurze Zeit später verstirbt der *Adler* und wird auf dem naheliegenden Friedhof beigesetzt. Da er jahrelang sehr viel für seine Heimat getan hat, kommen auch viele ehemalige Ostpreußen zur Trauerfeier. Während die Trauergemeinde mit dem Sarg zum Grab schreitet, huscht noch ein Fuchs vorbei. Am offenen Grab singen die Anwesenden zur Verabschiedung das Ostpreußenlied: „Land der dunklen Wälder ..."

Auf Grund seiner medialen Fähigkeiten merkt M bei Trauerfeiern häufig, dass ich mich zusammen mit der

Seele des Verstorbenen in seinem Körper oder auch außerhalb befinde. M weint dann die meiste Zeit. So auch bei dieser Trauerfeier. Nun bewältigt M nicht nur seine eigene, sondern auch noch die Trauer des Adlers. Er fühlt sich matt und ausgelaugt. Wieder und wieder bittet M darum, die Seele des Adlers möge seinen Körper verlassen und die Reise ins ewige Licht antreten. Nach mehrfachem Bitten lasse ich die Seele des Adlers schließlich los!

Die *Schutzgöttin* lebt im gewohnten Umfeld weiter und wird nun von der verbleibenden Familie umsorgt. Zusätzlich wird eine Betreuung organisiert. Nach und nach begreifen alle, dass sie an Demenz erkrankt ist. Einige Zeit später liest *M* auf einem Beipackzettel eines Herzmittels, dass dieses Medikament auch Demenz verursachen kann. Der behandelnde Arzt sagt nur, Demenz wäre das kleinere Problem. Damit ist der eigentliche Gesundheitszustand klar. Soweit es *M* möglich ist, möchte er der *Schutzgöttin* zu einem angenehmen Lebensabend verhelfen.

# WENDEPUNKT ZUR NEUEN BERUFUNG

*M* fährt wieder nach München! Im Münchner Umland ist er weiterhin als Oberbauleiter tätig. Eine laufende Anlage soll während des Betriebes um eine neue Produktionsstraße erweitert werden. Er ist hier für Aufbau, Inbetriebnahme und Dokumentation zuständig. In München überlegt er sich, wie es nun mit seinem gesamten Wissen als *Geistheiler* weitergehen soll. Wieder wird das Internet durchforstet und hier stößt er auf einen Heiler-Verband. *Tänzer* und *M* reisen gemeinsam zu einem großen Treffen der Geistheiler. Für *M* sind einige interessante Gesprächspartner anwesend. Hier erfährt er, dass die Seelen verstorbener Menschen noch 40 Tage auf der Erde weilen, bevor sie ins Licht gehen – Nubbel-Verbrennung/6 Wochen Amt. Die Seele bleibt, der Körper geht.

Während seiner Überlegungen, eine Ausbildung zum kleinen Heilpraktiker zu absolvieren, stößt er im Internet darauf, dass man auch ohne Heilerlaubnis helfen darf. Allerdings ist einiges zu beachten. Es heißt: Geistiges Heilen dient der Aktivierung der Selbstheilungskräfte und ersetzt nicht die Diagnose oder Behandlung durch den Arzt oder Heilpraktiker. Nach geltendem Recht ist die gezielte Krankheitsbehandlung erlaubt, wenn die Diagnose vom Arzt oder Heilpraktiker stammt.

*M* bildet sich für alle Fälle in diesem Bereich weiter und beginnt ein neues Fernstudium. Diesmal zum Personal-Coach. Beim Lesen der Kapitel bemerkt er, dass Systemik und Hypnose wunderbar zu seinem Geistigen Heilen passen können. Er entdeckt für sich ein weiteres Ziel! Bei diesem Fernstudium fühlt er sich jedoch als Kleinkind behandelt. Die Einsendeaufgaben werden nur bewertet, wenn Schriftgröße und vorgegebene Seitenzahlen eingehalten werden! Damit hat *M* wirklich nicht gerechnet! Er bekommt die Einsendeaufgaben unbearbeitet zurück. Da sowieso diverse Seminare notwendig sind, beschließt er, sich das entsprechende Wissen auf eine andere Art und Weise anzueignen. Nun kommt auch wieder der Wunsch nach dem eigenen weißen Haus ans Tageslicht, das am Wasser liegt. Er plant schon einmal ein Haus, dass er für sein Geistiges Heilen benutzen möchte.

*M* arbeitet noch in München. In diesem Jahr steht eine Reise mit dem Chor nach London an. Hier findet ein Various Voices mit Chören aus aller Welt statt. *M* reist zusammen mit dem *Tänzer* nach London. Hier unternehmen sie viel und schauen sich diverse Sehenswürdigkeiten an. Es ist eine interessante Zeit. Mit den Münchner Chorkollegen wird in London geprobt und aufgetreten. Super, dass es solche Veranstaltungen alle fünf Jahre gibt. So können sich schwul/lesbische Chöre weltweit treffen. Seine Sangeskollegen sind weiterhin an der universalen Lebensenergie interessiert und so erhalten viele von ihnen diese Energie. Oft wird er gefragt, ob er auch vor einem Konzert aufgeregt sei? Nein, es mag komisch klingen, aber er weiß bereits im Vorfeld, dass der Chor einen guten Auftritt haben wird! Damit verschwindet die Aufregung.

In diesem Jahr unternimmt *M* zwei Fahrten gemeinsam mit der *Schutzgöttin*, eine davon ins ehemalige

Ostpreußen. Bei dieser Fahrt kümmert *M* sich liebevoll um die *Schutzgöttin*. Die aufkommende Demenz erfordert sehr viel Einfühlungsvermögen. Die Fahrt führt von Berlin zum Reiseunternehmen, dann mit dem Bus nach Danzig, Danzig besichtigen, weiter ins Kaliningrader Gebiet, hier Rundreise, Besuch diverser Bekannten,... weiter nach Litauen und schließlich mit einer großen Bus-LKW-Auto-Fähre über die Ostsee von Memel nach Kiel. Dann noch mit dem Bus zurück zum Reiseunternehmen. Hier steht das eigene Auto. Über die Hamburger Autobahn fahren beide gemeinsam zurück nach Berlin. Geschafft! Ein Ereignis ist bei dieser Reise hervorzuheben: Da er sich und der *Schutzgöttin* morgens sowieso die universale Lebensenergie gibt, fragt er auch bei der Reisegesellschaft nach, ob hier ebenfalls Interesse an der Energiegabe besteht. Ja, haben sie! Inzwischen wissen viele der Reisenden, welche Fähigkeiten *M* besitzt. Jeden Morgen, bevor die nächste Fahrt startet, erhalten nun alle Mitreisenden die universale Lebensenergie. Einmal stehen auf den benachbarten Hotelbalkonen viele Leute, die erstaunlicher Weise die gesamte Energiegabe mitmachen. Für ihn ist dies ein lustiges Bild!

Zur Pflege der *Schutzgöttin* ist er jedes zweite Wochenende in Berlin. Gemeinsam reisen sie noch oft in den Chiemgau. Dort fuhr sie früher zusammen mit ihrem *Adler* hin. Inzwischen weiß *M*, dass Demente sich überall dort gut auskennen, wo sie oft genug waren. Bei diesen Reisen erhält er jetzt Hilfe von seinem neuen Bekannten aus Hamburg. Während er tagsüber im Münchener Umland arbeitet, betreut der Bekannte die *Schutzgöttin* in der oberbayerischen Ortschaft. Auch dieser erfährt viel aus ihrem Leben und ist überrascht, worüber sie noch so gut Bescheid weiß. Zu dritt unternehmen sie einiges in der Umgebung, fahren zum Chiemsee, mit Gondeln auf Berge und gehen wandern.

Auf einer der vielen Fahrten wird M einmal von der *Schutzgöttin* angesprochen, ob denn die Anderen schon ins Auto eingestiegen wären. Im ersten Moment denkt er sich noch, es ist doch niemand weiter da. Mit einem Mal ist ihm klar, die *Schutzgöttin* nimmt bereits Geistwesen wahr. Diese kann man erkennen, wenn das Dritte Auge geöffnet ist. Das Dritte Auge befindet sich oberhalb der Nase auf der Stirn. Dieses Auge kann geöffnet sein, wenn jemand bereits klinisch tot war. Aus dem Studium diverser Bücher weiß M inzwischen, dass jeder Mensch geistige Führer um sich hat.

Die *Schutzgöttin* ist jetzt in der Lage, diese *Geistführer* oder zeitweise auch bereits Verstorbene zu sehen oder sich auch mit diesen zu unterhalten. So bittet M das Berliner Pflegeteam darum, Gedecke für nicht sichtbare Anwesende, bereits Verstorbene, am Tisch stehen zu lassen. Meist deckt die *Schutzgöttin* für die bereits verstorbene *von Gott Geliebte* mit ein. Auf diesem Platz sollte dann auch nur die *von Gott Geliebte* sitzen, das heißt der Stuhl wird von niemand anderem besetzt! Es könnte sonst zu Energieveränderungen bei demjenigen führen, der auf dem Stuhl sitzt. Einmal sieht die *Schutzgöttin* einen bereits verstorbenen Verwandten am Friedhofseingang stehen. Sie ist zu seiner Beerdigung gekommen. Natürlich glaubt ihr niemand. Im Nachhinein hat sie sich vor allem darüber geärgert, dass sie keine Grüße an ihren bereits verstorbenen *Adler* bestellt hat. Wir erinnern uns, Verstorbene können noch bis zu 40 Tage als Geistwesen auf der Erde weilen, bevor sie den Weg ins ewige Reich antreten.

Ein Jahr später endet der Job in München. Der *Mannhafte* kündigt sein Appartement, trennt sich vom Chor und zieht vorerst zurück in seine bisherige Berliner Wohnung. Hier in Berlin möchte *M* nun das geistige Heilen in seine bestehende GmbH integrieren. Nach Meinung des Notars kann man jedoch kein technisches Unternehmen mit Dingen aus dem Gesundheitswesen verbinden. Dies könnte später zu Missverständnissen führen.

Schnell merkt *M*, dass für ihn hier in Berlin die Energien nicht mehr stimmen. In Berlin hat er nur noch wenige Freunde. *Tänzer* und ca. 200 Bekannte aus den Karnevalsvereinen leben in Köln. Er bespricht mit der Schutzgöttin, dass er nach Köln ziehen wolle. Dort möchte er sein Glück versuchen und das Geistige Heilen ausführen. Die *Schutzgöttin* hat nichts gegen einen Wegzug, schließlich will sie nie jemandem im Wege stehen. Sie sieht es als ihre Aufgabe an, immer mit gutem Beispiel voran zu gehen. Zunächst sucht er eine Wohnung und Räumlichkeiten für seine Tätigkeiten als Ingenieur und *Geistheiler* in Köln. Er findet ein entsprechendes Büro, eine gute Adresse in der Kölner Altstadt. Kurz vor dem Umzug erhält *M* überraschend vom Immobilienmakler einen Anruf. Sein angemietetes Büro in Köln soll erst einen Monat später frei werden. Dies wirft ihn zunächst zurück. Schließlich ist das Umzugsunternehmen bereits bestellt. Er kann das Büro endlich einen Monat verspätet übernehmen. Leider muss er feststellen, dass das Büro nicht vertragsgemäß renoviert ist. Er streicht selbst und kann damit sein Büro später einfach nicht renoviert zurückgeben.

Bevor sich M nach Köln aufmacht, besucht er noch ein Seminar in Berlin. Es handelt ebenfalls von Lichtarbeit. U. a. erfährt er etwas zum Thema Krafttiere: Andere Teilnehmer sollen herausfinden, welches Krafttier zum jeweiligen Teilnehmer passen würde. Alle sind der Meinung, für M wäre es die Giraffe. Merkwürdig erscheint ihm jetzt, dass er seit seiner Kindheit eine Stoff-Giraffe besitzt. Eine Giraffe ist ein hohes Tier mit langen Beinen und kann dadurch immer den Überblick behalten. Nun versteht er, warum er früher sein Studienfach vom Maschinenbau zur Verfahrenstechnik gewechselt hat. Es geht ihm immer darum, in allen Dingen den Überblick zu behalten. Auch gilt dies für alle bisherigen Positionen im Arbeitsleben. Die Giraffe aus der Kindheit wird nun vor seinem geistigen Auge abgespeichert. Weiterhin erfährt er, dass man auch mit einer Person pendeln kann. Dabei wird die Person selbst als Pendel benutzt. Seit diesem Zeitpunkt weiß M, dass *ich* das 4675. Mal auf der Erde weile. M kann nichts nachweisen. Aus Fernsehsendungen weiß er, dass Menschen bereits seit über tausenden von Jahren auf diesem Erdball leben sollen.

Während der Pflege wird gemeinsam die Biografie der *Schutzgöttin* aufgearbeitet und von M niedergeschrieben. Immer wieder spricht die *Schutzgöttin* davon, sie wolle nach Hause. Damit meint sie jedoch nicht ihren derzeitigen Wohnort, sondern, dass sie endlich wieder zu ihren Eltern kommt, die bereits verstorben sind. *M* gibt oder sendet der Schutzgöttin auch jeden Morgen die universale Lebensenergie, da er ja zeitweise außerhalb Berlins arbeitet. Ist er wieder in Berlin, sagt sie ihm, dass in der Wohnung Menschen wären. Diese Aussage ist ihm verständlich. Wenn jemand Energie hat, sind auch erdgebundene Geistwesen zugegen, die den Lebenden positive Energien abziehen. Über ihr Drittes Auge nimmt sie diese Geistwesen inzwischen wahr. Als *Geistheiler* kann *M* auch ein Lied von Energievampiren singen. Auch er wird manchmal förmlich leergesaugt. Dies kann einem überall passieren, wo große Menschenansammlungen sind. So z. B. in öffentlichen Verkehrsmitteln oder beim Anstehen in Warteschlangen etc., pp. Einen Nachteil hat die ganze Sache: *M* darf sich nicht zu dicht Energievampiren nähern. Diese können ihm seine gesamte Energie bis aufs Letzte absaugen. Vor einigen lebenden Energievampiren kann man sich einfach schützen, sofern man diese sofort erkennt. Man benötigt dafür nur etwas Phantasie. Im Geiste stelle man sich vor, man streife sich ein blaues Gewand über. Blau ist eine Schutzfarbe, auch als Blaumann in Werkstätten bekannt. Meist muss man dann über diese Situation lächeln. Ein Lächeln entspannt die Situation sofort und es wird meist keine weitere Energie abgesaugt, da der Energievampir selbst lächeln muss. Wird *M* trotzdem die universale Lebensenergie abgesaugt, fühlt er sich ausgelaugt, muss sich zurückziehen und neu aufladen. Dies geschieht in wenigen Sekunden.

Diesmal zieht *M* mit seinem gesamten Hausstand nach Köln. Hier kennt er ja bereits mehr als 200 Personen aus Karnevalsvereinen. Viele von ihnen sagen zu, dass sie ihn auch unterstützen würden, wenn er in Köln lebt. In Köln wohnt er zusammen mit dem *Tänzer* im 21. Stockwerk eines Hochhauses. Sie haben einen vorzüglichen Blick über Köln. Ein elf Meter langer Balkon, Blickrichtung Osten, erstreckt sich über drei Räume. Alle Räume besitzen eine komplette Fensterfront zum Balkon hin. So können sie von Leverkusen bis zum Flughafen Köln/Bonn schauen. Hier oben in einer Höhe von 50 Metern kann man Freiheit pur erleben. Wird es kälter, muss geheizt werden. Die Wohnung ist schlecht isoliert und nur über eine elektrische Fußboden-Nachtspeicherheizung beheizbar. Mit seinem Umzug nach Köln hat er sich ein neues Fahrzeug zugelegt. Auch dieses Auto fährt gut und verbraucht relativ wenig, dank der Fahrweise mit Tempomat. Seinen VW-Polo verkauft er mit 460.000 km. Der Wagen fährt immer noch gut. Auch, wenn es nur ein Auto ist, kann man sich noch gut darauf verlassen.

Eines Tages ist *M* der Meinung, die Zeit wäre reif für sein erstes Hypnose-Seminar. Leider erfährt er, dass man zunächst an einem Coaching-Basis-Seminar teilnehmen muss. Hierzu meldet er sich an. Dieses Seminar findet von Montag bis Freitag in einem Jugendgästehaus statt. Etwas lesen ist die eine Sache. Weitaus wichtiger ist, mit lebenden Personen zu üben. Dieses Seminar handelt von Personal- und Business-Coaching sowie psychologischer Beratung. Zusammen mit 20 anderen Teilnehmern verbringt er diese Seminarwoche. Erst werden verschiedene Spiele zum Kennenlernen initiiert. Jeder soll etwas darüber kundtun, weshalb er dieses Seminar besucht und ob er geduzt oder gesiezt werden möchte. Nur eine ältere Teilnehmerin möchte gesiezt werden. Diese Person ist für ihn erst einmal interessant. Wenn er es sich recht überlegt, lässt er sich bei seinen freiberuflichen Einsätzen als Ingenieur auch nicht von jedem gleich duzen. Nach und nach lernt er die Person, die sich siezen lässt, besser kennen und beide freunden sich an. Dann endlich beginnt das Lernen. Die Seminarleiterin sucht sich eine Versuchsperson aus den 21 Teilnehmern und erklärt an einem Beispiel, wie eine Prozessberatung durch Monodrama funktioniert. Danach bilden sich kleine Grüppchen à drei Personen und jeder aus der Gruppe übernimmt entweder die Rolle des Klienten, des Coaches oder des Beobachters. Nachdem ein Thema der Dreiergruppe erfolgreich behandelt wurde, darf jeder aus der Gruppe über seine Gefühle berichten. Die Rollen werden getauscht und eine neue Übung beginnt. Auf diese Art und Weise kann man relativ einfach erkennen, welche Coaching-Varianten einem gut liegen und welche nicht!

Einige der Teilnehmer sind an der universalen Lebensenergie interessiert. Von einem Seminarkollegen erfährt er, dass nur dessen Sohn im Keller fremde Personen sehen würde. Sein Sohn sagt dann z. B.: „Da hinten steht jemand!" *M* teilt seinem Kollegen mit, dass sein Sohn im Recht ist. Kinder können bis zum dritten oder vierten Lebensjahr Geistwesen wahrnehmen. Scheinbar ist bei einigen Kindern dann noch das Dritte Auge geöffnet. Aber Achtung, Geistwesen saugen den lebenden Menschen Energie ab. Sinnvoll ist es immer, einen solchen Raum schnellstmöglich zu verlassen!

Das Hypnose-Seminar, auf das er schon so lange gewartet hat, findet wenige Wochen später im selben Jugendgästehaus statt. Zu Beginn des Seminars wird wieder ein Freiwilliger gesucht. *M* meldet sich. Er hat starke Schmerzen im Kreuz und weiß nicht, woher diese stammen?! Er erhält eine Hypnose mit Armlevitation. Dies bedeutet, je tiefer der Klient in Hypnose sinkt, desto höher steigt der Unterarm des Klienten in die Höhe. Natürlich versucht der *Mannhafte,* dagegen zu arbeiten. Keine Chance! Je tiefer die Hypnose, desto höher steigt der Arm! Schließlich wird er gefragt, wo er sich befindet, als die Kreuzschmerzen entstehen. Er sieht sich selbst, wie er immer den rechten Arm hoch und runter bewegt. Plötzlich wird ihm klar, er streicht eine Wand in seinem Kölner Büro. Er verspürt eine große Last auf seinen Schultern, da alles viel zu spät fertig wird. Hier hat er sich diese Kreuzschmerzen eingefangen. Jetzt weiß er, woher die Schmerzen stammen und diese verschwinden in Windeseile. Endlich kann er selber üben, wie man andere hypnotisiert oder auch andere mit Hypnose zu einem besseren Lebensstandard verhilft. Er erinnert sich: Früher hat er oft Märchen geschrieben. Diese Märchen helfen ihm jetzt bei der Hypnose. So schreibt er eine Geschichte, die einen Klienten betrifft, zunächst in Märchenform auf. Der Klient wird hypnotisiert und ihm wird das Märchen vorgetragen. In einer Hypnose geht es immer darum, sich bildlich alles so genau wie möglich vorzustellen. Hier passen die Märchen sehr gut. Alles hat doch einen Grund im Leben. Unter Hypnose kann der Klient nun miterleben, wie beispielsweise ein lebender Stuhl dieses Problem lösen würde. Der Klient ist sichtlich überrascht und versteht, dass er alles leicht auflösen kann.

Wieder melde *ich* mich zu Wort: *"In einem solchen Fall spricht man vom Sekundärgewinn!"*

Einmal im Monat treffen sich sechs Coaches, um sich gegenseitig auszutauschen. *M* möchte erfahren, wie weit seine hypnotische Vortragsweise inzwischen gediehen ist. Alle Teilnehmer sitzen auf Stühlen in einem Kreis und haben die Augen geschlossen. Er bittet die Coaches darum, ihre Hände so aneinander zu legen, dass jede Fingerspitze der rechten Hand an der gleichen Fingerspitze der linken Hand liegt. So, als ob man eine Kugel zwischen den Händen hält. Zunächst liest er einen Text vor, damit alle Coaches in den Hypnosezustand übergehen. Danach folgt die eigentliche hypnotische Geschichte. Während des Vorlesens fließt immer wieder der Satz mit ein: „Je weiter du in Hypnose sinkst, desto mehr Energie sammelt sich in der imaginären Kugel zwischen deinen Fingern". Bei den Kolleg\*innen, die leicht zu hypnotisieren sind, nimmt die Kugel im Umfang schneller zu als bei den anderen. Zum Schluss darf jeder selbst entscheiden, ob er die Energie in der Kugel für sich selber nutzen möchte oder diese in die Welt sendet. Nach solch einer Übung werden im Anschluss immer die Fenster geöffnet, damit ein entsprechender Energieausgleich stattfinden kann.

Nun gibt es einerseits die Gruppenhypnose, es gibt aber auch die Möglichkeit der Selbsthypnose. *M* liest diverse Bücher zum Thema Hypnose und schreibt bereits für seine Klienten Selbsthypnosen. Für sich selbst schreibt er auch Hypnosen. Er ist der Meinung, dass man alles selbst zuvor ausprobieren muss. Auch bei einer Selbsthypnose ist es wichtig, das Unterbewusstsein so zu beeinflussen, dass das interne Programm umgeschrieben werden kann. Hierbei reicht es nicht, die Hypnose im Wachzustand zu lesen. Man sollte die Hypnose zunächst selbst auf ein Tonaufnahmegerät sprechen. Danach legt man sich bequem hin, startet das Abspielen der Aufnahme und schließt die Augen. Jetzt versucht man, sich das Gehörte genau vor seinem geistigen Auge vorzustellen. Bei richtiger Anwendung hypnotisiert man sich so selbst und befindet sich in Trance. Die Selbsthypnose wird mit jedem Hören stärker verinnerlicht. Automatisch verzichtet man auf Süßigkeiten, nimmt ab oder kann sich leichter entspannen. Wichtig ist, die verinnerlichten Tätigkeiten tatsächlich auszuführen und nicht abzutun! Das Alter spielt dabei keine Rolle.

Aus einem Buch erfährt er etwas zum Thema: „Besprechen". Diese Technik wendet er zunächst beim *Tänzer* an und hofft auf eine Änderung! Einmal, während dieser schläft, spricht *M* ihm einfach auf eine bestimmte Stelle des Körpers: „Ab heute ist Dir Rauchen völlig gleichgültig!" Der *Tänzer* erwacht und fragt nach, ob *M* etwas gesagt hätte, dieser verneint. Es vergeht vielleicht eine Woche, da wird *M* vom *Tänzer* gefragt, ob ihm schon aufgefallen wäre, dass er weniger raucht?! Nun kann *M* endlich sein Geheimnis lüften und erzählt seine Vorgangsweise. Seitdem raucht der *Tänzer* weitaus weniger!

# ERÖFFNUNG GEISTIGES
# HEILEN IN KÖLN

Wenige Wochen nach den Seminaren findet die Einweihung und Eröffnung der Räume in Köln statt. Trotz der vielen Werbung kommen nur wenige Besucher, die sich über seine Leistungen informieren möchten. Zwei ehemalige Seminarteilnehmerinnen sind anwesend und eine Kollegin des *Tänzers*, die ebenfalls Geistheilerin ist. Von seinen 200 Bekannten aus Köln kommt niemand. Der erhoffte Erfolg bleibt aus. Einige Klienten kommen, andere bleiben einfach fern, ohne abzusagen. Bekannte aus den Karnevalsvereinen meinen sogar, dass *M* nun vollständig übergeschnappt sei. In Köln kommt er nicht weiter. Er hat keine Chancen, im Kölschen Klüngel Fuß zu fassen. Um sich das für ihn teure Büro in der Kölner Altstadt überhaupt leisten zu können, muss er wieder als Ingenieur tätig werden.

Zeitnah erhält er einen Job in Dortmund. Hier ist er ein halbes Jahr lang tätig. Jeden Morgen fährt er mit seinem neuen Fahrzeug von Köln nach Dortmund und am Nachmittag wieder zurück. Hier arbeitet er mit netten Kollegen. Sie gehen jeden Tag außerhalb der Arbeitsstätte Mittagessen. Einer der Kollegen entdeckt eine Thai-Massage in unmittelbarer Nähe. Sie verabreden einen Termin und *M* lässt sich auch massieren. Nach der Massage sind alle Energien von ihm weg. Er muss sich schnell wieder aufladen. Er merkt für sich, dass er immer auf einem bestimmten Energielevel lebt. Wird dieser Level unterschritten, fühlt er sich total matt und muss sich neu aufladen. Neben der Arbeit möchte er Anschluss in einem Kölner Chor finden. Es ist ein gemischter Chor und die Chorproben liegen so, dass er alles trotz Arbeitsstelle in Dortmund zeitlich gut erreichen kann. Um während der Fahrt zu üben, überspielt der *Tänzer* die entsprechende Chorstimme auf einen Stick. Diesen spielt *M* über das Navi-Gerät ab und kann während der Fahrt gleichzeitig die Singstimme üben. Er singt nur, wenn er auf der Autobahn dahingleitet. Mit dem Singen hält er es genau ein halbes Jahr durch. An einem Chorwochenende und einem Auftritt kann er noch teilnehmen. Später wird er vom Chorleiter angesprochen, dass er einfach zu wenig übe. Seine Chorkolleg*innen üben bis zu zwei Stunden am Tag. Das ist für ihn nicht zu schaffen – schade, er tritt wieder aus dem Chor aus! *M* muss sein Leben generell ändern. Während seiner Studien zum Personal-Coach, noch in München, hieß es, dass man für sich Glaubenssätze aufstellen solle. Damit findet man angeblich in einer neuen Stadt leichter Anschluss. Nichts dergleichen stimmt für ihn. Wenn man als Angestellter tätig ist, mag dies zutreffen! Diese Glaubenssätze wischt er von heute auf morgen vom Tisch. Sie bringen nur Unruhe. Er braucht Ruhe in seinem Leben! Nachdem sein Job in Dortmund beendet ist, erhält er einige Monate später einen neuen.

Zuvor besucht er noch zwei Seminare. Für die Hypnose-Ausbildungen wechselt er den Anbieter. Diesmal möchte sich *M* zum Rückführungsleiter (Reinkarnation) weiterbilden. Er weiß bereits sehr viel über Rückführungen. Zu diesem Thema hat er einige Fachbücher gelesen und ahnt, was alles passieren kann. Für ihn ist es immer wichtig, sich auf ein Seminar entsprechend vorzubereiten.

Zwischenzeitlich melde *ich* mich zusammen mit dem *Höheren Selbst*: *„Wenn Du willst, können wir Dich bei der Hypnose begleiten, gib uns einfach Bescheid!"*

Als Hypnotiseur weiß man nie, welche unvorhergesehene Dinge während der Rückführung auftreten können. Deshalb besteht für den Klienten die Möglichkeit, diesen von dessen Seele und Höheren Selbst begleiten zu lassen. So auch im Buch von Trutz Hardo beschrieben („Das Große Handbuch der Reinkarnation; Heilung durch Rückführung"; Seite 47, 2. Absatz): „Aus diesem Grunde bevorzuge ich es, meine Klienten mit ihrem Höheren Selbst in Kommunikation treten zu lassen"[2].

M weiß inzwischen von mir, dass das Höhere Selbst mich, die Seele, durch alle Seelen-Leben begleitet. Es ist eine Art energetischer Speicher. Inzwischen ist M auch klar, dass das Höhere Selbst nur so viel aus früheren Leben frei gibt, wie die hypnotisierte Person derzeitig verträgt.

Während des Seminars werden wieder Gruppen aus drei Teilnehmern gebildet. Jeder erhält damit die Möglichkeit, zurückgeführt zu werden, zu beobachten, unterstützend tätig zu sein und selbst zu hypnotisieren. Zunächst ist er Beobachter. Der Kollege wird hypnotisiert und sieht zunächst nur Nebel. Nach und nach klart sich der Nebel auf und der Kollege empfindet eine Art Paradies um sich herum.

---

2 „DAS GROSSE HANDBUCH DER REINKARNATION"; Heilung durch Rückführung; von Trutz Hardo; Verlag „Die Silberschnur" GmbH; 4. Auflage 2011

Nun ist *M* an der Reihe. Er möchte gern etwas über sein letztes Seelen-Leben hier auf der Erde erfahren. Natürlich hofft jeder immer auf ein schönes vorheriges Leben. Jedoch erlebt er etwas ganz anderes! Während er hypnotisiert wird, bittet er im Stillen das *Höhere Selbst* und *mich* darum, ihn bei der Hypnose zu begleiten. Er befindet sich nun in Hypnose und sieht sich zunächst als Ballett-Tänzer in weißen Strumpfhosen in München. Kurze Zeit später sieht und erlebt er großes Leid und verstirbt plötzlich. Diese Hypnose versetzt ihn in einen tiefen Schock. Beide Seminarteilnehmerinnen, die versucht haben, ihn in die Hypnose zu führen sind überfordert und informieren den Seminarleiter. Dieser ist sehr besorgt. *M* wird in einen anderen Raum geführt. Hier soll er sich erst einmal ausruhen und wieder zu sich selbst finden. Das Seminar dauert zwei Tage. Am nächsten Tag sind alle wieder gut beieinander. Wieder zu Hause, ruht sich *M* noch etwas aus. Inzwischen hat er gelernt, sich beim Schlafen die Hände auf Brust oder Bauch zu legen. Damit erhält er die universale Lebensenergie.

Ein Folgeseminar zum Thema Systemisches Psychodrama beginnt einen Tag später. Es handelt sich um ein Aufbauseminar. Er fährt mit dem Auto hin. Fünf Stunden soll die Fahrt dauern. Er benötigt sicherlich länger. Viele der Teilnehmer kennen sich aus vorhergehenden Seminaren, sitzen bereits zusammen und unterhalten sich. *M* braucht erst einmal noch Abstand zum gesamten Geschehen der Tage zuvor. Das Seminar beginnt und es erfolgt seines Erachtens wieder eine viel zu lange Vorstellungsrunde, obwohl die Redezeit beschränkt ist. Im Anschluss werden auch hier diverse Gruppenspielchen unternommen. Er fühlt sich wie in einem Kindergarten. Zuerst soll man sich untereinander kennenlernen. Drei Seminarteilnehmer werden ausgewählt und stellen sich in die Mitte eines gedachten Kreises. Dieser Kreis wird in drei Drittel eingeteilt. Jeder der übrigen Teilnehmer stellt sich in ein Drittel, wo er inzwischen meint, entwicklungsmäßig zu stehen. *M* wählt ein Drittel aus. Nun kommt die Seminarleiterin zum Zuge. Sie sagt, hier steht man, wenn man dabei ist, dieses oder jenes zu erledigen. *M* denkt sich, dass er dort nicht mehr hingehört und wechselt als einziger ins nächste Drittel. Im nächsten Drittel läuft das gleiche ab und nach dem letzten Drittel verlässt er schließlich den Kreis. Nun sollen die drei zuvor ausgewählten Seminarteilnehmer jene Personen zuordnen, die sich nicht selbst einem Drittel zuordnen konnten. Jetzt passiert etwas sehr Sonderbares. Einer der drei ausgewählten Teilnehmer entscheidet, dass *M* bereits viel weiter sei und er befände sich in der Mitte über allen anderen im oberen Stockwerk. Endlich, er braucht nicht weiter an der Einführungsrunde teilnehmen! Natürlich bleibt er im Raum. Nachdem das Spiel zu Ende ist, soll er wieder herunterkommen und tut wie ihm geheißen. Er fühlt sich tatsächlich den anwesenden Seminarteilnehmern weit voraus. Das Seminar hat er hauptsächlich gewählt, um Bild-Aufstellungen zu lernen. Hier werden Personen aus Berufs-, Freundes- oder Familienleben in einem bestimmten Bild aufgestellt. Es gibt einen Coach als Aufstellungsleiter und eine Person als Bildaufsteller. Eine bestimmte Situation wird nun als Bild aufgestellt. Zusätzlich sind diverse Personen nötig, die sich in andere Personen einrollen lassen möchten. Achtung, für diese Aufstellung erhält eine Person eine andere/neue Persönlichkeit. Wichtig ist, die eingerollten Personen nach der Aufstellung wieder auszurollen und in ihr altes Leben zu entlassen!

*Meiner Meinung nach sollten bereits verstorbene Personen besser nicht aufgestellt werden. Tote soll man ruhen lassen! Es besteht die Möglichkeit, dass es zu Energieveränderungen bei den eingerollten Personen kommt.*

Bevor M seinen Klienten Rückführungen anbietet, lässt er sich erst noch einmal selbst rückführen. Er möchte erfahren, welche Dinge *ich* bereits erlebt habe und welche Erlebnisse davon mit seinem heutigen Leben zu tun haben könnten. Automatisch bittet er, während er hypnotisiert wird, *mich* und sein *Höheres Selbst* darum, ihn zu begleiten. Alle Hypnosen werden aufgelöst und positiv abgeschlossen.

*Endlich kann ich M mitteilen, dass ich mit der Seele des Tänzers bereits des Öfteren zusammengelebt habe und vieles mehr.*

Bei Reinkarnationen wird M seinen Klienten nun ebenfalls dabei helfen, das Erlebte aufzulösen und positiv abzuschließen. Damit muss sich der Rückgeführte im jetzigen Leben nicht für Taten schlecht fühlen, die dessen „Seele" früher erlebt hat.

M überlegt, wie es nun weitergehen wird. Köln ist doch nicht die richtige Stadt und ins Kölner Umland möchte er auch nicht mehr ziehen. Als Ingenieur bekommt er hier teilweise gute Jobs! Innerlich spürt er jedoch, dass sein Weg ein anderer ist. Es heißt, dass er schicksalhaft überall hingeführt werden soll. In Bayern fühlt er sich wohl, doch wird er dort Anschluss finden? Es ist schließlich eine besondere Sache, die er ausführt. Wieder fällt ihm ein, dass er alleine arbeiten soll. Vor Jahren hat ihm seine Lebensberaterin gesagt: „Heilen wäre Deine Lebensaufgabe!"

## KÖLN BLEIBT NOCH

Als Ingenieur erhält er einen weiteren Job, diesmal in Leverkusen. Ihm wird ausdrücklich gesagt, dass man nicht möchte, dass er seine „andere Sache" in dieser Firma ausführt. Aha, man hat sich bereits über ihn erkundigt! Die neue Tätigkeit soll Mitte Januar beginnen. *Tänzer* und *M* fahren noch nach Italien zum Skifahren. Hier geht nicht alles glatt. Beim Abendessen fühlt *M* sich nicht wohl und wird schließlich im Hotelaufzug ohnmächtig. Der weitere Skiurlaub hat sich damit erledigt. Schade! Zurück in Köln, beginnt er mit seiner neuen Tätigkeit in Leverkusen. Sein erster Tag verläuft sehr merkwürdig. Obwohl der Termin seines Arbeitsbeginns dort fest vereinbart ist, weiß niemand, dass er kommt und welche Aufgaben ausgeführt werden sollen! Das hält zwei Wochen an und er wird darum gebeten, sich die Arbeit einfach selbst zu suchen?! Irgendwann hat er dann eine sinnvolle Tätigkeit gefunden, wie er seine Fähigkeiten einbringen und so die Mitarbeiter unterstützen kann. Am ersten Tag wird er willkommen geheißen. Ihm wird ein Büro gezeigt, wo er sich mit niederlassen soll. Die Kollegen sind alle sehr nett. Er begrüßt sie, nennt seinen Namen und sagt gleich, dass er mit einem Mann zusammenlebt. Damit ist für ihn das Eis gebrochen und die Mitarbeiter können sich selbst überlegen, wie sie ihm begegnen wollen. Die Kollegen besorgen ihm ein Fahrrad. Nun kann er von zuhause mit dem Auto zum Firmenparkplatz fahren und von dort aus weiter mit dem Fahrrad bis zur Arbeitsstätte. Er kennt nicht den Grund

und doch spricht er nun während der Autofahrt immer ab einer bestimmten Stelle das „Vater unser". Sicherlich geht es um Vergebung!

Manchmal fallen im Büro auch schwule Sprüche. *M* ist dies egal! Kurze Zeit später entschuldigen sich die Kollegen. Einmal sagt einer: „Wir haben nichts gegen Homosexuelle!" Dies ist sein Stichwort. Er steht vom Stuhl auf, geht zu seinem Kollegen und sagt nur: „Weißt du eigentlich, wie gut du es hast?" Inzwischen ist er beim Kollegen angelangt und spricht mit ruhigem Ton: „Wir haben nichts gegen Heterosexuelle!" Der Kollege ist sichtlich verstört und merkt erst jetzt, welche Wirkung ein entsprechender Satz auf einen anderen ausüben kann. Der Kollege antwortet daraufhin erstaunt, dass ihm noch nie jemand so etwas gesagt hat! Weiterhin ist er dankbar dafür. Sonst hätte er nie erfahren, was in einem Menschen alles ausgelöst werden kann, wenn jemand einem so etwas sagt. Alle verstehen sich nun noch besser als vorher. Sie verbringen eine gegenseitig anregende Arbeit miteinander. Jeder hilft jedem so gut er kann. Aus drei seiner Kollegen werden gute Bekannte.

Während dieser Tätigkeit verstirbt in Berlin die *Schutzgöttin*. Auch, wenn er bereits lange damit gerechnet hat, trifft es ihn nun wie ein Schlag! Wie gut, dass er sich immer um sie gekümmert hat und noch oft mit ihr verreist ist. Er nimmt sich eine kurze Zeit frei. Auf der Fahrt nach Berlin spürt *M* die erste Hälfte der Strecke in sich nur Trauer. Nach der halben Strecke erfährt er plötzlich eine riesige Befreiung. Ja, er ist endlich frei und kann machen, was er selbst möchte. Der *Adler* sagte früher immer, dass sich *M* um die *Schutzgöttin* kümmern solle, wenn er, der *Adler*, nicht mehr lebt. Dies hat er seines Erachtens nun erfüllt. Es war der letzte Glaubenssatz, den er übernommen hat. Jetzt ist er frei und kann sein Leben gestalten, wie und mit wem er möchte! Die *Schutzgöttin* wird neben dem *Adler* beigesetzt. Teile aus der Biographie der *Schutzgöttin* können nun von der Pfarrerin zur Trauerrede verwendet werden. Viele Verwandte und Bekannte sind zum Begräbnis gekommen. Zu den Bekannten zählen einige ihrer Studienkolleginnen zur Lehrer-Ausbildung während des Krieges, Schülerinnen ihrer ersten Klasse als Lehrerin an der Oberschule, Tänzer aus dem Tanzclub sowie ihre Pflegerinnen. Es ist eine angenehme Trauerfeier und im Anschluss wird in einem Restaurant noch viel gelacht. Gemeinsam erinnern sich alle an die schönen Zeiten.

In Berlin besucht *M* seine Lebensberaterin und erfährt, der nächste Umzug geht zurück nach Berlin. Alles würde schneller ablaufen als er denkt. Er soll schon mal seine Kartons packen! Wenn etwas vorbestimmt ist, passiert dies relativ schnell. Tatsächlich, innerhalb von drei Monaten finden *M* und *Tänzer* ein Haus in Berlin. Zuvor wird noch die Energie von Haus und Garten ausgependelt. Energetisch ist alles okay, sonst hätten sie es nicht genommen. Das Haus mit Grundstück befindet sich zu diesem Zeitpunkt in einer Art Dornröschenschlaf! Für beide – wie geschaffen! Beide siedeln gemeinsam um. In Leverkusen kann er nun nicht länger als vereinbart tätig bleiben.

# BERLIN

Im September beginnt der Umbau des Hauses in Berlin. Es ist sehr viel zu richten, angefangen beim Regen- und Abwasser bis hin zum Ausbauen des Hauses, passend für seine Körperhöhe. Man merkt dem Haus den langen Leerstand an. In der Garage und den Wohnräumen befinden sich diverse unsortierte Berge von Müllresten. Auch den Garten heißt es nach und nach zu neuem Leben zu erwecken. Das Hin- und Herfahren zwischen Köln und Berlin wird fortgesetzt. In Köln sind die Sachen aus dem Büro wieder in Umzugskisten zu verpacken und in Berlin ist das Haus zu entmüllen und zu renovieren. M ist bereits am Gehen, da kommt noch ein Klient, dem mit Geistigem Heilen und Coaching geholfen wird. Die Untersuchungsergebnisse vom Arzt bestätigen dies.

Beim Haus in Berlin geht alles strukturiert voran. Er ist sehr gut im Planen und als Umwelt- und Sicherheitsmensch auch immer darauf bedacht, dass alles ordnungsgemäß abläuft. Alleine wird er nicht alles bewerkstelligen können. Er findet Firmen für den Innenausbau. Die Wände sind inzwischen tapeziert und er streicht alles selbst. Durch seine Körperhöhe benötigt er nur selten eine Leiter. Streicht man eine Wohnung selbst, befindet sich in dieser auch gleich die eigene Energie. Anfang des neuen Jahres erfolgt der gewerbliche Umzug von Köln nach Berlin. Welches Glück, dass er alles unrenoviert zurückgeben kann und wie gut, dass das Mietverhältnis Jahre zuvor erst einen Monat später begann. Deutlich erkennt *M* hier den Sekundärgewinn! Sein neues Büro in Berlin richtet er schon mal frei nach Feng-Shui ein. Mit Feng-Shui beschäftigt er sich seit über 30 Jahren. Er hat schon einigen Klienten damit weiterhelfen können, sich zuhause wieder wohl zu fühlen.

Anfang Februar beginnt in Köln für beide die vorerst letzte Karnevalssession. Der *Tänzer* geht alleine zu verschiedenen Veranstaltungen. Noch einmal nehmen beide am Karnevalsumzug in ihrem Veedel teil. Der *Tänzer* trägt wieder sein Funken-Mariechen-Kostüm und die Besucher am Straßenrand erfreuen sich. Schließlich fahren beide gemeinsam ein letztes Mal zusammen nach Köln und verabschieden sich hier in ihrer Kneipe von den Kölner Bekannten. Beide verlassen Köln mit vier lachenden Augen!

In Berlin beginnt ein neuer Lebensabschnitt. Gemeinsam suchen sie das Standesamt auf. Der Standesbeamte ist etwas verwirrt, da *M* und *Tänzer* bereits länger zusammen sind als manche Ehen halten und vergisst aus diesem Grund, die vereinbarten Lieder zu spielen. Die Verpartnerung findet in der ehemaligen Kapelle des Krankenhauses statt, in dem *M* als 13-Jähriger lag. Nun ist hier das Standesamt ansässig.

*M* wirbt wieder viel und informiert auch die Anwohner der Straße. Am Zaun befindet sich ein großes Banner zum Tag der offenen Tür. Es kommen mehr Besucher als zur Eröffnung in Köln. Alle sind überrascht, wieviel in dieser kurzen Zeit entstanden ist. Alle Räume sind hell und freundlich. An den Tagen der offenen Tür dürfen Besucher auch Verbesserungsvorschläge mit einbringen. Schließlich sollen sich die Klienten wohlfühlen. Die Vorschläge der Besucher werden umgesetzt. Nach und nach kommen die ersten Klienten. Auch sie spüren die hohe Energie im Behandlungsraum. Die meisten Personen, die zu ihm kommen, glauben zunächst nicht, dass ihnen jemand helfen kann. Sie lassen geschehen und freuen sich dann über ihren neuen Lebensstandard. *M* hilft seinen Klienten, verborgene Dinge ans Licht zu bringen. Nach einer Behandlung fühlen sich diese wieder wohl; positive Dinge geschehen, mit denen keiner rechnet. *M* bemerkt oft, dass sich im Klienten etwas zum Positiven verändert. Nun ist er wieder in der richtigen Stadt, am richtigen Ort, in Berlin, der Stadt am Wasser. Er lebt und arbeitet in einem weißen Haus. Es ist ein sonniges Haus am Stadtrand und liegt an einem künstlich geschaffenen kleinen Biotop.

*M* und *Tänzer* gewöhnen sich langsam an ihr neues Zuhause. *M* beginnt diesmal mit dem Singen in einem Berliner Männerchor. In Berlin tritt der Chor in Kirchen, dem Dom, der Philharmonie sowie der Universität der Künste immer mit Choreographie auf. In Amsterdam findet ein Auftritt im Konzertgebäude statt. Egal wo gesungen wird, für ihn ist es immer wieder etwas Besonderes.

Eines Tages werden beide gefragt, ob sie einen Hund aus der Verwandtschaft übernehmen möchten. Sie stimmen zu und sind kurze Zeit später stolze Hundebesitzer. Hund Gismo bereichert das junge Glück. Gismo ist ein 6 Jahre alter ELO. Bei einem ELO handelt es sich um keine Hunderasse, sondern um eine geschützte Hundemarke. Nach kurzer Zeit fühlt sich Gismo bei seinen neuen Herrchen sehr wohl. *Tänzer* und der *Mannhafte* merken dies immer wieder, wenn ihr Hund zurück auf dem Grundstück ist. Oft rennt dieser dann vor Freude, wie von einer Tarantel gestochen, durch Haus und Garten! Das Leben der beiden ändert sich. Ihr Hund bestimmt einen Teil des Lebens mit. Er wird morgens und nachmittags zum Gassi-Gehen ausgeführt. Insgesamt werden mit Gismo täglich bei Wind und Wetter zwischen sieben und elf Kilometer oder auch drei bis vier Stunden gelaufen. Gismo und dem jeweiligen Herrchen gefällt dies und alle bleiben jung und gesund.

In Leipzig soll nun ein Chortreffen stattfinden. Erst wollen *M* und der *Tänzer* gemeinsam teilnehmen, doch nun haben sie Gismo. Natürlich denken beide jetzt auch an ihn und daran, dass es Schwierigkeiten geben kann, mit dem Hund gemeinsam im Hotel zu übernachten oder ihn länger allein zu lassen. Und so fährt *M* alleine mit dem Chor nach Leipzig. Er übernachtet privat. Einmal läuft er in Gedanken versunken zu einer Probe, stolpert und fällt direkt auf die Knie. Er trägt kurze Hosen und hat sich das Knie aufgeschlagen. Langsam humpelt er zurück zur Unterkunft und verarztet sich erst einmal selbst. An den Chorauftritten nimmt er zwar teil, ist jedoch bei der Choreografie stark eingeschränkt. Zurück in Berlin erhält er den Hinweis, dass auch ein Hund eine Wunde antiseptisch auslecken kann. Nachdem er dies von Gismo hat ausführen lassen, legt er sich noch täglich selbst die Hände auf den betroffenen Bereich. Nach kurzer Zeit stellt sich Heilung ein.

Bei einem Konzert in Köln trifft er auf seine Geistheiler-Kollegin. So ein Chorfestival ist ideal, um sich direkt mit ihr auszutauschen. Er kann sich dem eigenen Weiterkommen öffnen. Ein Thema gibt es immer. Diesmal ist es erneut Vergebung! Es geht darum, jedem, der einem in den Sinn kommt, zu vergeben. *M* fällt es immer schwer, anderen zu vergeben. Jedoch ist es eine sinnvolle Tätigkeit. Man befreit sich auf eine einfache Art und Weise vom eigenen Seelenmüll. Nach einer Vergebung fällt *M* auch das Loslassen wesentlich leichter. Nach dem Vergeben und Loslassen geht es definitiv aufwärts und es entsteht Raum für Neues. Hier in Köln möchte er nun den Chorsängern vergeben, die ihn Jahre zuvor nicht als Sänger aufgenommen haben. Natürlich sieht er inzwischen den Sekundärgewinn! Zum Glück wurde er damals nicht aufgenommen und lebt nun viel besser in Berlin.

Zurück in Berlin führt *M* noch einmal eine freie Tätigkeit als Ingenieur über seine GmbH bei einem Pharmaunternehmen aus. Diesmal werden Gefährdungsanalysen erstellt. In dieser Tätigkeit kennt er sich gut aus, da er dies bei anderen Neuanlagen ebenfalls ausführte. Hier beim Pharmakonzern handelt es sich um bestehende Anlagen und er kann seine gesammelten Erfahrungen gut einbringen. Es ist kein Vollzeitjob. Seine weiteren Tätigkeiten sind Geistiges Heilen, Coaching und Hypnose. *M* ist an einem Donnerstag gegen 7 Uhr mit der U-Bahn zur Arbeitsstelle unterwegs. Gegenüber sitzen fünf Frauen. Drei der Frauen starren auf ihr Smartphone, eine Frau liest in einem E-Book und eine weitere hält sogar ein richtiges Buch in der Hand. Er fährt zu seinem derzeitigen Ingenieursjob. So haben sich die Medien in der Zwischenzeit verändert. Vor 20 Jahren, als er noch eine Festanstellung im Nahrungsbereich hatte, fuhr er auch mit der U-Bahn.

Damals lasen die Mitfahrer Zeitung oder unterhielten sich leise. Jetzt brauchen verschiedene Personen keine Nachbarn mehr. Sie unterhalten sich über ihr Mobil-Phone, manche angenehm leise und andere unangenehm laut. Heutzutage braucht man sich bloß so ein Ding umhängen und kann auch Selbstgespräche führen. Nichts fällt mehr auf! Nachdem er beim Pharmaunternehmen einige Monate tätig ist, belegt er ein Seminar in München. Soweit möglich, möchte er immer auf dem neuesten Stand bleiben. Das Seminar behandelt das Thema: „Explosionsschutz für Hersteller und Errichter von Anlagen in explosionsgefährdeten Bereichen". Einerseits lernt er hinzu und andererseits stellt er fest, dass bei seinem letzten Auftrag von ihm alles richtig ausgeführt wurde. Zurück in Berlin erhält *M* als Ingenieur die Auflage, für mehrere Unternehmen zeitgleich tätig zu werden. Dies passt leider nicht in seinen Lebensplan. Die meisten seiner Jobs als Ingenieur haben ihn ausgefüllt. Dies kann er nach 39 Jahren Berufstätigkeit bestätigen. Er ist auf eine große Anzahl von Menschen getroffen. Wenn er als freier Mitarbeiter zu arbeiten beginnt, haben einige fest angestellte Kolleg*innen meist eine unbewusste Angst, um ihren eigenen Arbeitsplatz. Eine Zeit lang hofft er noch auf eine neue Ingenieurstätigkeit, erhält jedoch keine. Schließlich führt er seine GmbH in Liquidation.

# FORTBILDUNG IN HYPNOSE

*M* konzentriert sich nun auf Weiterbildungen für Hypnose und nimmt an Seminaren teil. Zunächst ist es eine Weiterbildung zum Thema EMDR (Eye-Movement-Desensitization-Reprocessing) oder auch, mittels einer relativ schnellen Augenbewegung belastende Themen zu desensibilisieren und neu zu bearbeiten. Hiermit können Angstzustände aufgelöst, Krankheiten und Allergien rückentwickelt und neu bearbeitet werden. Immer wieder nimmt bei einem Zwei-Tage-Seminar die Vorstellungsrunde einen zu großen Zeitraum ein. Natürlich berichtet jeder Teilnehmer gerne, welche Erfahrungen er bereits gesammelt hat. Dies sprengt jedoch den Zeitrahmen. Schließlich zahlt man dem Veranstalter Geld für das Lernen und nicht dafür, zu erfahren, wie andere ihr Geld verdienen. So erhält er bei dieser Veranstaltung nur die Möglichkeit, als Beobachter und Coach aufzutreten, nicht jedoch als Klient. Es fehlt einfach die entsprechende Zeit!

Beim Thema Kinderhypnose bittet *M* die Leiterin bereits vor Seminarbeginn, die Vorstellungsrunde möglichst kurz zu halten. Er hat Glück. Jeder berichtet nur wenig von sich. Das Thema, Kinder in Hypnose zu versetzen, interessiert ihn. Er hat bereits mit Kindern gearbeitet. Hier wird eine weitere Möglichkeit aufgezeigt, einen Trancezustand kindgerecht herzustellen. Die Seminarleiterin ist ihm sympathisch und er nimmt sich vor, künftige Fortbildungen bei ihr zu buchen. Geraume Zeit später freut er sich auf die Hypnosekomplettausbildung in Berlin mit ihr als Seminarleiterin. Es ist ein Intensivkurs von 96 Zeitstunden innerhalb einer Woche. Insgesamt nehmen zehn Personen teil, alle verstehen sich gut untereinander. Auf Grund seiner bisherigen Ausbildungen und mit dem Wissen aus diversen eigenen Hypnoseanwendungen kennt er sich schon gut aus. Es kommen jedoch immer wieder neue Aspekte hinzu und man lernt nie aus. Er erfährt, dass man einen Klienten zunächst unter Hypnose dessen eigenen Kraft-Ort aufsuchen lassen soll. Damit besteht für den Klienten jederzeit die Möglichkeit, während einer Hypnose Kraft zu tanken. Unter Hypnose kann man leicht von einem Ort zum anderen springen, wenn man entsprechend vom Hypnotiseur geführt wird! Während der Komplettausbildung lernt er auch die Hypnosystemik kennen. Das Aufstellen kennt er bereits aus seiner Coach-Ausbildung. Bei der Hypnosystemik benötigt man keine fremden Personen, die eingerollt werden müssen, sondern kann stattdessen Knöpfe oder auch Stofftiere aufstellen. Auch lernt er diverse einfache Möglichkeiten, Personen in Hypnose zu versetzen. Man muss nicht viel erzählen, der Klient hypnotisiert sich selbst. Sollte er zeitgleich auch in einen Zustand der Trance gehen, hört er zwar alles, was der Klient erzählt, erlebt dies aber aus seiner eigenen Sichtweise. Möchte ein Klient sein Leben ändern, weiß jedoch nicht wie, ist auch dies unter Hypnose möglich. Bei dieser Übung hat er Glück. Diesmal darf er als Coach fungieren. M klärt mit dem Klienten zunächst dessen Ziel ab. Nun versetzt er den Klienten in Hypnose und fragt nach, ob bereits jemand anderer aus seinem Bekannten- oder Verwandtenkreis ein entsprechendes Ziel erreicht hat. Bestätigt der Klient dies, kann man den Klienten in die fiktive Person hineinsteigen lassen. Steht der Klient in der fiktiven Person, kann er in diese hineinfühlen. Mittels Fragetechnik lässt man nun den Klienten herausfinden, wie die fiktive Person ihr Ziel erreicht hat. Im Anschluss lässt man den Klienten wieder aus der fiktiven Person heraussteigen. Nun kennt der Klient eine Möglichkeit, wie sein eigener zukünftiger Weg aussehen kann.

Ein Jahr später nimmt er an Hypnose und NLP (Neurolinguistisches Programmieren) teil. Jahre zuvor hat er sich schon zu NLP ausbilden lassen. Damit fallen ihm hier einige Praktiken leichter. Schließlich wiederholt sich alles im Leben. Wichtig für ihn ist nun, altes Wissen anzuzapfen und im Gehirn neu abzuspeichern. Wieder werden Freiwillige gesucht, die bereits ein Thema haben. *M* meldet sich. Er schreibt seit einiger Zeit an *meinem Lebensbuch* und erhält ständig Eingebungen von *mir, seiner Alten Seele*. Nun möchte *M* erfahren, wie es weitergeht!

Er soll zunächst sein Ziel so genau wie möglich definieren, drei Zwischenziele erstellen, den Ausgangspunkt suchen und einen Beobachter benennen. Alles soll auf Karten geschrieben werden. Seine Karten lauten:

*Ausgangspunkt* = 2019 Gegenwart
*1. Zwischenziel* = 2019 Struktur am Schreibtisch
*2. Zwischenziel* = 2020 im Monat Mai fertig geschrieben, suche nach einem Verlag
*3. Zwischenziel* = 2021 Prüfung und Druck
*Ziel* = 2021 Vorstellung des Buches
*Beobachter* = Paolo

Die Hypnose beginnt:

Zunächst ist *M* noch bei vollem Bewusstsein. Als erstes legt er innerhalb einer vorgegebenen Fläche die selbst geschriebenen Karten auf den Fußboden. Später wird er, wie von Geisterhand gesteuert, den selbst vorgegebenen Weg beschreiten.

Schnell wird er hypnotisiert und zum Ausgangspunkt geführt. Hier berichtet er über sein Vorhaben. Es erfolgt die Frage, ob er zunächst ins Ziel gehen möchte. Er wird zum Ziel geführt und fühlt sich dort erst einmal hinein. *M* befindet sich in einer größeren Buchhandlung. Einige der Besucher lächeln ihm zu. Er ist nicht alleine, jedoch etwas aufgeregt. Links vor ihm liegt ein Stapel seiner Bücher. Verschiedene Zuhörer aller Altersklassen sowie Freunde und Verwandte sind gekommen. So hat er sich das gewünscht. Als Termin hört er sich plötzlich einen Tag in 2021 nennen. Vor seinem geistigen Auge erscheint eine aufgeschlagene Seite in der Buchmitte. Er hört sich laut und deutlich vorlesen. Hieß es nicht früher immer: „Sprich laut und deutlich!" Immer wieder wird von der Hypnoseleiterin gefragt, wie er sich fühlt, damit werden nach und nach alle fünf Sinne angesprochen. So riecht es nach gedrucktem Papier, im Mund hat er einen Geschmack nach Salbei, sein Buch in den Händen fühlt sich gut an, die Schrift ist groß genug und er hört Leute tuscheln.

Es folgt sein Rückblick. *M* beschreibt, wie er alles erreicht hat. Wie von Geisterhand gesteuert bewegt er sich auf sein 1. Zwischenziel zu. Hier soll in 2019 die Struktur des Buches fertig gestellt sein. Er weiß, dass er nicht bei Null beginnt. Einige Themen sind bereits bearbeitet und er hat ja schon mit dem Schreiben begonnen. Von der Hypnoseleiterin wird er gefragt, wieviel Stunden am Tag er schreiben kann. *M* antwortet, dass er an zwei Stunden pro Tag gedacht hat. Während er dort steht, fällt ihm auf, dass dies nicht zu schaffen ist. Besser wären an drei Tagen in der Woche mindestens drei Stunden. Am Anfang jeder Woche wird er sich nun drei Tage im Kalender eintragen, an denen er sein Buch schreibt. Wieder wird er gefragt, wie sich das für ihn jetzt anfühlt. Er stellt fest, dass dies zu schaffen ist. *M* läuft langsam mit geschlossenen Augen zu seinem 2. Zwischenziel: „Fertig geschrieben 2020, suche nach einem Verlag!" Erneut fragt die Leiterin, welche Gefühle er habe? *M* fühlt sich weiterhin wohl. Nun fragt sie, wie er einen Verlag finden wird.

Hier habe *ich* meinen Auftritt und sage zu *M*: *„Du wirst einen Verlag finden, vertrau auf Deine Alte Seele!"*

Ob alles klappt, steht noch in den Sternen! Wieder werden seine fünf Sinne befragt. Es passt alles. Auch beim 3. Zwischenziel: „Prüfung und Druck" stimmt für *M* alles. Zur Überprüfung wird er noch zu seinem selbst gewählten Beobachter, Paolo, geführt. Jetzt sieht *M* seinen zukünftigen Weg mit den Augen von Paolo. Alles passt!

Die Seminarleiterin beendet die Hypnose und *M* darf noch wichtige Dinge abspeichern. Im Anschluss erfährt er von seinen Seminarkolleg*innen, wie diese die Hypnose erlebt haben und welche Tipps sie anbieten können. Alle wollen zur Lesung anwesend sein! Die Teilnehmer*innen können jetzt das Erlernte in Kleingruppen üben. Hierbei erfährt *M* von einer Kommilitonin, dass er immer strukturiert und zielorientiert vorgeht. Er ist sich gewiss, dies stammt aus seiner Tätigkeit als Ingenieur. So etwas erlebt er auch bei seinen Klienten. Diese sind überrascht, wie viel sie in kurzer Zeit für sich selbst erreichen.

Gemeinsam mit dem Berliner Männerchor nimmt *M* an einem weiteren Various Voices Festival in München mit Chören aus aller Welt teil. Hier trifft er auf Sänger ehemaliger Chöre, mit denen er früher bei vielen Veranstaltungen selbst zusammen gesungen hat. Ein letztes Mal sucht er seine langjährige Klientin in deren Wohnung auf. Sie erfreut sich bester Gesundheit und erzählt immer wieder, dass sie die Energie spürt, die sie täglich gesendet bekommt. Hierbei handelt es sich weiterhin um die universale Lebensenergie.

# GISMO UND DIE GELBE JACKE

Im Berliner Behandlungsraum befindet sich die höchste universale Lebensenergie. Dieser Raum ist quasi mit Energie gesättigt. Wenn der Raum nicht genutzt wird und die Tür geöffnet ist, legt sich ihr Hund Gismo direkt neben die Behandlungsliege und tankt die universale Lebensenergie. Ist ihr Hund mit Energie gesättigt, verlässt dieser den Raum. In letzter Zeit beginnt er plötzlich mit dem Bellen und zeigt damit an, dass sich ungebetene Geistwesen im Behandlungsraum befinden. Gismo vertreibt durch sein Bellen diese Wesen. Im Anschluss wird der Raum von $M$ energetisch gereinigt und mit positiver Energie aufgeladen. Erhält Gismo die universale Lebensenergie direkt auf seinen Körper, ist diese so stark, dass er immer wieder nachschaut, woher die plötzliche Energie/Wärme stammt. Da man mit jedem Lebewesen auf geistiger Ebene kommunizieren kann, fragt er bei Gismo nach, ob dieser an Heilbehandlungen teilnehmen möchte. Über das Pendel erhält er als Antwort: „Ja". Welche Aufgaben er dann übernehmen wird, ist abzuwarten. Zuvor wurde Gismo immer bei Behandlungen ausgeschlossen. Nun werden einige Klienten zunächst gefragt, ob Hund Gismo an einer Heilbehandlung teilnehmen darf. Besteht für ihn die Möglichkeit, an einer Energiegabe beizuwohnen, geht er erst kurz in den Raum und legt sich dann in den Vorraum. Die meisten Tiere nehmen die Energie von anderen Hunden und Menschen wahr. Dies fällt $M$ bei den Gassi-Runden auf. Manchmal, wenn sich weit und breit niemand anderes befindet, wird dies mit dem eigenen Pendel nachgeprüft. Auch stellt M fest, dass diverse Hunde zu ihm gelaufen kommen und sich direkt vor ihn hinstellen. Es scheint ihm, die Tiere wissen, dass sie sich in seiner Nähe mit Energie auftanken können. Es ist, als ob man mit seinem Auto an eine Zapfsäule fährt, um Sprit zu tanken oder die Batterie auflädt.

Mit einem Hund kann man einiges erleben, darunter gibt es auch filmreife Szenen. M erfährt von anderen Hundebesitzern, dass mit Schneckenkorn versetzte Giftköder ausliegen. In so einem Fall ist es gut, seinen Hund an der Kurzleine zu führen. Einmal schnappt Gismo auch nach etwas Rotem und M erkennt, dass dies für ihren Hund nicht geeignet ist. Also versucht er das entsprechende Etwas wieder aus der Hundeschnauze zu entfernen. Diese Tätigkeit hat er bereits des Öfteren ausgeführt und weiß, wie es geht. Diesmal spielt Gismo jedoch nicht mit und beißt ihn in den Daumen. M schreit auf und je lauter er schreit, desto fester beißt der Hund zu. Der Schmerz ist kaum zu ertragen und trotzdem muss er leise werden. Automatisch lockert sich der Biss. Die Schnauze öffnet sich und er kann seinen stark blutenden Daumen herausziehen. Zunächst lutscht er den Daumen sauber, spuckt den Speichel aus und hält seinen Daumen in die Höhe, damit die starke Blutung aufhört. Es ist Sonntagnachmittag. In der Nähe befindet sich eine Hundeschule. Hier erhält er ein Pflaster. Der Schmerz bleibt. Er hält den Daumen weiter hoch und beide laufen nach Hause. Gismo findet ein zweites Etwas, das wie ein roter Krebs aussieht. M denkt sich jetzt nur noch: wenn es sich um einen Giftköder handelt, ist der Hund innerhalb einer Stunde tot. Er wird sehen, was passiert.

Ihr Hund überlebt, hat danach jedoch häufig Durchfall. Gismo hat den Daumennagel von *M* durchgebissen und auf der anderen Seite des Daumens befinden sich zwei tiefe Wunden von den spitzen Zähnen. *M* verarztet seine Wunden, gibt sich die Selbstheilungskräfte und hofft auf schnelle Heilung. Irgendwann geht er dann doch zum Arzt. Mit dem Daumen ist alles in Ordnung, er soll sich eine bestimmte Salbe auf den Daumen schmieren. Angeblich dauert es eine geraume Zeit, bis der zerbissene Nagel mit schwerem Bluterguss hinausgewachsen ist. *M* führt alles aus, wie ihm geraten wurde und zieht sich einen Däumling und manchmal auch einen schwarzen Einmalhandschuh darüber, damit die Salbe nicht auf die Kleidung abfärbt. Eines Tages unternimmt er erneut mit Hund Gismo die morgendliche Runde, doch kurz bevor die ca. drei Kilometer lange Runde beendet ist, wird er plötzlich von einem Polizeiwagen gestoppt. Ein Polizist springt aus dem Auto und ruft ihm hinterher: „Bleiben Sie sofort stehen, Sie sind Verdächtiger einer Straftat." *M* weiß nicht, wie ihm geschieht und er bleibt stehen. Ein zweites Polizeiauto stoppt und zwei weitere Polizisten steigen aus und schneiden ihm alle möglichen Fluchtwege ab. *M* fragt nach, was denn passiert sei und erhält als Antwort, dass in einer Entfernung von ca. 1,5 km jemand überfallen worden wäre und als Täterbeschreibung wurde nur durchgegeben: „Ein Mann mit schwarzen Handschuhen und beigefarbenen Hund!" *M* sagt, dass er dort nicht gewesen ist und mit seinem Hund eine andere Strecke läuft. Als Antwort erhält er nur, dass er die Möglichkeit gehabt hätte! Nun zieht *M* seinen Gummihandschuh aus und zeigt, dass er dort kurz zuvor von seinem eigenen Hund gebissen wurde. Der erste Polizist fragt, ob *M* seinen Ausweis bei sich trägt. *M* reicht dem Polizisten seinen Ausweis und dieser verschwindet damit im Wagen. Weiterhin sagt der Polizist, wenn *M* nichts verbrochen hat, braucht er auch nichts zu befürchten. Inzwischen stehen sechs Polizisten um *M* herum. Alle haben ihre Hände nahe am Halfter und blicken sehr streng. Auch wenn es keine zehn Minuten dauert, bis ein Polizist einem anderen zunickt, dass er als Täter ausgeschlossen werden kann, fühlt es sich für ihn wie eine nicht enden wollende Zeit an. Selbst Gismo hat sich in der Zwischenzeit auf den Weg gelegt und blickt Richtung Heimat. *M* erhält seinen Ausweis zurück und kann zusammen mit seinem Hund den Heimweg antreten. Puuuuh! – überstanden!

Mit der Zeit stellen *M* und *Tänzer* fest, dass Gismo überall dagegenläuft. Ihnen wird eine Untersuchung empfohlen und hierbei wird leider festgestellt, dass ihr Hund klinisch blind ist. Dies bedeutet, dass er nicht mehr auf Licht reagiert. Der *Tänzer* besorgt ein Buch, wie man sich einem blinden Hund gegenüber verhalten soll. Für alle drei dauert es eine geraume Zeit, bis sie sich mit den neuen Umständen zurechtfinden. Danach stellen sich leider weitere Zipperlein beim Hund ein. Zunächst ist noch Heilung möglich. Man merkt dem Hund jedoch an, dass es ihm nicht gut geht. Die Hunderunden werden kürzer. Seit der Blindheit läuft die Gelbe Jacke mit Gismo erst noch drei Kilometer, dann nur noch zwei und schließlich einen Kilometer. Nach kurzer Zeit gibt es jedoch einen herben Rückschlag und die Zipperlein setzen sich fort. Gismo erhält morgens, wie andere Tiere ebenfalls, die universale Lebensenergie, damit sich beim Hund wieder

Genesung einstellt. Inzwischen ist selbst *M* soweit, dass er keine Hunderunden mehr mit Gismo ausführt. Für ihn ergibt sich die Gefahr, dass ihr Hund beim Spaziergang zusammenbricht. *M* wäre dann nicht in der Lage, den 35 Kilogramm schweren Hund nach Hause zu tragen. Er weiß ja inzwischen, dass man auf geistiger bzw. seelischer Ebene mit einem Tier kommunizieren kann. Und so werden dem Hund über diese Ebenen immer wieder Fragen gestellt, ob er z. B. Schmerzen hat und auch, ob er gehen möchte. Zu Anfang schlägt das Pendel immer auf Nein aus, was bedeutet, dass Gismo noch bei Ihnen bleiben möchte. Dann plötzlich eine Änderung. Die Körpersprache des Hundes verrät ihnen, dass er gehen möchte. Auch das Pendel schlägt bei der Frage, ob Gismo gehen möchte, auf Ja aus. Schweren Herzens entscheiden sich beide Herrchen, ihren geliebten Hund einschläfern zu lassen und verabreden einen Termin. Beide tragen die Verantwortung für Gismo.

Nach Laotse heißt es: Verantwortlich ist man nicht nur für das, was man tut, sondern auch für das, was man nicht tut.

Hier die Version von Gismo:

„Hi, Mädels, mein Name ist Gismo. Was immer auch über mich geschrieben wird, hier die wahre Geschichte: Ich hatte ein sehr schönes Zuhause. Aber leider ist mein Menschenkind krank geworden, das ich fast sechs Jahre lang an der Menschenleine ausführte. Und so habe ich alles Mögliche angestellt, mir ein neues Heim zu suchen. Dabei war ich bei vielen Menschenkindern, größeren und kleineren. Zu guter Letzt bin ich bei einem weniger langen und einem sehr langen Menschenkind gelandet. Der erstere meint, er wäre der Rudelführer und der zweite wird von anderen die Gelbe Jacke genannt. Hier habe ich es bisher sehr gut. Sie nennen mich Pflegefall. Aber ab dem neuen Jahr gehöre ich ganz zu ihnen. Dann ist es aus mit dem Pflegedasein! Ich bin kein Pflegefall, ich bin ein von und zu, adelig sozusagen Gismo von ...! Meine beiden Menschenkinder sind etwas anders gebaut als ich. Anstatt dass sie auch auf ihren vier Pfoten laufen, tun sie dies nur mit ihren zwei Hinterläufen. Diese sehen auch anders aus als meine. Gehen wir gemeinsam Gassi, trage ich immer einen Lederriemen um den Hals. Ein weiterer Lederriemen verbindet mich mit einem meiner Menschenkinder. Dieser Riemen ist um einen Griffel eines Menschenkindes geschlungen. Meistens führe ich die Gelbe Jacke an der Menschenleine aus. Sie läuft immer an der Leine, damit ihr beim Gassi gehen nichts zustößt. Wir spazieren meist zum Mauerweg. Sind wir dort endlich ankommen, begegnen uns oft zwei ältere Herrschaften ohne Hund. Sie winken uns zu und rufen: „Da kommt die Gelbe Jacke!" Mich können sie damit nicht meinen, Mädels, ich habe genügend Fell, also ist das eines meiner Menschenkinder. Mit der Gelben Jacke wird es von anderen auch in der Dunkelheit besser gesehen. Manchmal führe ich auch den Rudelführer an der Menschenleine aus. Der Rudelführer trägt immer eine dunkle Jacke. Damit beiden nicht langweilig wird, laufe ich meistens schnell des Weges, es sei denn, die Gerüche am Wegesrand sind einfach interessanter. Einmal bin ich wieder mit der Gelben Jacke unterwegs. Vorne laufen zwei Hunde, die ich schon kenne. Ich laufe schnell hin, um sie zu begrüßen. Mädels ihr werdet es nicht glauben, plötzlich kommt ein weiterer Hund auf mich zu, fletscht seine Zähne, die anderen beiden treiben mich in die Enge und der aggressive Kollege beißt mir einfach ins Rückenfell. In diesem Moment sind auch die anderen Hunde aufgeregt und schließlich rennt ein anderes Menschenkind dazwischen und jagt uns alle auseinander. Der Schreck sitzt mir jetzt noch im Nacken, wenn ich daran denke! Der Biss ist halb so schlimm und da ist auch schon die Gelbe Jacke, die mich tröstet. Die Gelbe Jacke sieht den Biss nicht. Mädels, das war nicht schön, so von den anderen Hunden eingekeilt zu werden. Damit mir so etwas nicht noch einmal passiert, gehe ich auf bestimmte Hunde nun mit einem tiefen Knurren los. Dann wissen gleich alle, mit mir ist nicht zu spaßen. Wieder zu Hause, hat die Gelbe Jacke dann doch die Bisswunde gesehen. Mädels, falls ihr es noch nicht wisst, die Gelbe Jacke ist *Geistheiler* und hat dann gleich die Hände auf meinen Rücken gelegt. Damit ging es mir wieder besser. Ich weiß immer noch nicht, warum die Stelle plötzlich so warm wird. Vom Rudelführer werde ich jeden Abend gebürstet, dies ist ein sehr angenehmes Gefühl und als Dankeschön lecke ich ihm das Gesicht. Das gefällt ihm immer wieder. Wenn ich mit der Gelben Jacke spazieren bin, saugt mein Rudelführer zuhause meine Fellreste weg. Wenn manchmal eine Stelle besonders juckt, muss ich eben kratzen und dann kommt manchmal auch etwas Fell mit raus. In der Gruppe zusammen mit anderen Hunden und deren Menschenkinder laufe ich nicht so gerne. Die sind mir einfach zu langsam. Die anderen Hunde begrüße ich kurz und dann geht es weiter, schließlich kann mein Fressen zuhause nicht so lange auf mich warten.

Ich glaube zu hören, wie es immer wieder ruft: „Gismo, komm schnell nach Hause, wir wollen von dir gefressen werden!" Da kann ich mir nun wirklich nicht noch alle Geschichten von den anderen anhören. Wie gesagt, mal ist es ganz nett, auf andere zu treffen, aber ständig!?

Egal mit wem ich gehe, beide Menschenkinder haben eine Art Leckerli-Maschine dabei. Die meisten Leckerli-Maschinen werden vom Griffel bedient. Die Griffel können sich öffnen oder schließen und werden von den Menschenkindern an längeren oder kürzen Gliedmaßen mitgeführt. So wie wir das von Robotern kennen. Wenn ich also mit der Gelben Jacke unterwegs bin, dann stoße ich nur mit meiner Schnauze an den rechten herunterhängenden Griffel. Wenn ich Glück habe – und ich habe meistens Glück –, setze ich damit die Leckerli-Maschinerie in Bewegung. Also bei manchen Leckerli-Maschinen müssen sich erst die Gliedmaßen bewegen und die Griffel zu einer Öffnung oder einem Schlitz führen. Die Griffel greifen dann in die Öffnung oder den Schlitz hinein und Mädels, wir kennen alle das Geräusch, hört es sich doch nach mehr an, oder? Nach einer kurzen Weile – manchmal habe ich das auch schon schneller gesehen, oder etwa nicht – befindet sich das Leckerli e n d l i c h zwischen den Griffeln. Wenn die Sache zu lange dauert, hocke ich mich einfach vor das entsprechende Menschenkind hin und warte ... warte ... warte! Nun werden die Griffel geöffnet oder auch nicht. Werden die Griffel geöffnet, schlecke ich mit meiner Zunge die Leckerlis weg. Werden die Griffel nicht geöffnet, muss ich mit all meiner Kraft jedes Leckerli einzeln aus diesen Griffeln heraussaugen und darauf achten, dass ich noch mehr bekomme!

Auf meinen Spaziergängen laufe ich so sechs bis zwölf Kilometer am Tag. Der Weg ist oft der gleiche und ich lese meistens Zeitung, bedeutet, ich schnüffle den Weg ab, wer schon alles da war. Manchmal begegne ich anderen Wesen, wenn mir etwas nicht geheuer ist, belle ich. Ansonsten verstehe ich mich sofort mit meinen Artgenossen, ich kann ja auch noch knurren. Die meisten meiner Artgenossen legen sich gleich auf den Rücken, um mir zu zeigen, dass ich von der Hierarchie her über ihnen stehe. Der Rudelführer ist ausgeflippter als die Gelbe Jacke. Wird Musik gespielt, die ihm gefällt, beginnt er plötzlich zu tanzen. Mir gefällt dies und ich wedele dann mit meiner Rute hin und her. Wedele ich wiederum mit der Rute, ist auch mein Rudelführer glücklich. Neulich, na ja vielleicht wippte ich ein wenig zu viel mit, nahm der Rudelführer meine Vorderpfoten und wir tanzten beide kurzzeitig auf unseren Hinterläufen.

Über kleine Spielchen trainiere ich meine Geschicklichkeit und mein Gehirn. Dazu stellen mir meine Menschenkinder nach dem letzten Gassi-Gang immer Becher auf ein Tablett. Einige der Becher haben ein Loch und ich kann das Leckerli riechen. Unter dem Becher befinden sich meist mehr und manchmal weniger Leckerlis, je nachdem ob ich mich viel bewegt habe oder zu viel wiege. Nach kurzer Zeit habe ich immer wieder den Tick heraus. Mit meiner Schnauze hebe ich einfach den Becher hoch und lasse ihn neben dem Tablett wieder herunterfallen. Jetzt sind die Leckerlis frei und ich kann sie fressen. Manchmal liegt kein Leckerli unter einem Becher, manchmal ist die Öffnung des Bechers nach oben gedreht und ein zweiter Becher befindet sich darin. Dann ist die ganze

Sache etwas schwieriger. Aber Mädels, Gismo packt das schon, und so packe ich den Becher an der schmalen Seite, schleudere ihn einfach hin und her und schon fliegen die Leckerlis heraus. Oder ich heb den Becher nur an und lass ihn wieder fallen. Psychotests liegen mir nicht so! Mädels, wenn die Gelbe Jacke sagt, „Gismo mach Sitz", führe ich das aus. Dann geht sie einige Schritte nach vorn und legt in einiger Entfernung einige Leckerlis hin. Die Gelbe Jacke sagt zwar noch was, da höre ich jedoch nicht mehr hin. Kehrt sie mir schließlich den Rücken zu, tue ich zuerst noch so als ob ich schlafe, und kaum ist sie endlich weg, hole ich mir meine Belohnung. Was weg muss, muss weg! Wenn ich ganz entspannt bin, liege ich auf der Seite und wichtig Mädels, dass Kinn liegt seitwärts. Sind meine Augen offen, starre ich ins Narrenkästchen. Ich befinde mich dann in einem Zustand der Trance. Sollte sich etwas bewegen oder gibt es einen Laut, bin ich sofort wieder anwesend. Ansonsten habe ich endlich auch einmal die Gelegenheit, meinen eigenen Gedanken nachzujagen. Mädels, dabei ist es egal, ob die Äugelein irgendwann zufallen!

Eines Tages hatte ich keine Lust mehr, meine Menschenkinder immer diese Runden auszuführen und bin einfach langsamer und l-a-n-g-s-a-m-e-r g-e-w-o-r-d-e-n. Erst hatte ich Probleme mit meinen Gelenken. Hier hat mir die Gelbe Jacke geholfen. Sie legt einfach ihre Hände auf und besonders schön fühlt es sich an, wenn sie mir im Anschluss die Wirbelsäule von hinten nach vorne massiert. Dabei hocke ich meistens auf meinen Hinterpfoten. Früher habe ich mich immer erstmal gestreckt, wenn ich mich aufgestellt habe. Dann merkte ich, dass es mit dem Sehen nicht mehr so funktionierte und rannte überall dagegen. Nun bin ich blind und verlasse mich voll und ganz auf meine beiden Menschenkinder. Wir haben verschiedene Wörter, die sie rufen oder auch sagen sollen, wenn ich auf ein Hindernis zusteuere wie z. B. Achtung oder Treppe oder Straße usw. Inzwischen habe ich beide ganz gut erzogen, na ja man kann es immer besser machen, oder Mädels?!

Nun bin ich auch schon älter und hab ein Recht darauf, kürzere Strecken zu laufen. Irgendwann spürte ich, dass ich leicht zu taumeln beginne und von da an durfte ich den Garten genießen. Meine Menschenkinder haben inzwischen alle Gefahrenquellen abgesperrt und trotzdem verirre ich mich. Dann hilft nur noch bellen! Eines meiner Menschenkinder kommt bestimmt und hilft mir, meine Orientierung wieder zu finden. Mädels, ich habe mich dazu entschlossen, diese Welt zu verlassen! Meine beiden Menschenkinder haben sich um mich nicht nur bemüht, sondern haben mir ein wirklich schönes Weiterleben gegönnt. Danke, dafür!

Und weil beide so brav zu mir waren, habe ich einen Wunsch ins Universum gesendet. Nach einem halben Jahr wird sich ein neuer Vierbeiner zu ihnen gesellen. Da beide bereits etwas älter sind, wird der neue Hund etwas handlicher und leichter sein als ich mit meinen 35 kg. Ich werde ihnen suggerieren, sich für einen Rauhaardackel zu entscheiden und sie werden ihn Einstein nennen.

# DAS PUZZLESPIEL

Bei seinem Puzzlespiel fehlen *M* noch diverse Teilchen. Inzwischen ahnt er jedoch, welches Bild dargestellt werden soll. Bisher sieht er in der linken unteren Ecke einen kleinen Jungen an einer Quelle stehen. Deutlich kann er erkennen, dass das Wasser aus der Quelle ein Rinnsal bildet. Nach und nach entsteht ein kleiner Bach, der von anderen Rinnsalen gespeist wird. Das Wasser aus dem Bach speist einen kleinen See. Andere Bäche fließen ebenfalls in diesen See. An einer Stelle des Sees schwappt das Wasser über eine Mauer und fällt einige Meter tief. Es bildet sich ein größerer Bach, der mehr und mehr Wasser führt. Der Grund des Bodens ist mit kleineren und größeren spitzen und abgerundeten hellen Steinen überdeckt. Einige der Steine ragen sogar aus dem Wasser heraus. Auf der linken und rechten Seite des Baches befinden sich Berge, die nach und nach in Hügel übergehen. Schließlich gelangt der Bach in ein Tal und durchquert die erste Ortschaft. Überall sieht man vereinzelt Menschen, Tiere und Autos. Der Bach wird aufgestaut und es entsteht ein größerer See, der von weiteren Bächen gespeist wird. Das angestaute Wasser fließt reguliert durch ein mehr oder weniger geöffnetes Schleusentor und es entsteht ein kleiner Fluss. Neben der Schleuse befindet sich auf der einen Seite ein Wasserkraftwerk mit Stromerzeugung und auf der anderen Seite eine Fischaufstiegshilfe.

Weitere Bäche speisen den Fluss und dieser wird größer und größer. Der Fluss bahnt sich weiter seinen Weg durch

Wälder, Orte und Städte. Kurvenreich fließt er an Wiesen und Feldern vorbei. An bestimmten Stellen bilden sich Feuchtgebiete. Auf dem Puzzle sind auch einige hohe Berge zu sehen, auf denen Schnee liegt. Immer wieder wird der Fluss zur weiteren Stromerzeugung aufgestaut und es entstehen große Seen. An manchen Stellen des Flusses befinden sich Menschen, entweder einzeln oder auch in Gruppen. Im oberen Drittel des Puzzle-Bildes ist ein blauer Himmel zu sehen mit einer hell leuchtenden Sonne. Weit hinten erkennt man schneeweiße Schäfchenwolken. Am Horizont befinden sich auch bewaldete Hügel und Berge. Ab einem bestimmten Punkt hört die Bewaldung auf und man nimmt Wiesen und Felsen mit hellem Gestein wahr. Auf den Felsen liegt Schnee.

*M* ist sich sicher, es handelt sich um den Fluss des Lebens. Es ist sein Leben und es warten noch diverse Aufgaben auf ihn, sonst wären bereits alle Puzzle-Teilchen vorhanden!

## Der Autor

Andreas Litty wurde 1957 in Berlin geboren. Er studierte Verfahrenstechnik, Wirtschaft und Kommunikation: Litty war als Diplom-Ingenieur und als freier Unternehmer tätig. Während dieser Zeit entdeckte er seine Berufung zum Geistigen Heilen und wurde Reiki-Meister. Weitere Schwerpunkte: Hypnose-Master, Rückführungsleiter, Reinkarnation.

# Der Verlag

> *Wer aufhört besser zu werden, hat aufgehört gut zu sein!*

Basierend auf diesem Motto ist es dem novum Verlag ein Anliegen neue Manuskripte aufzuspüren, zu veröffentlichen und deren Autoren langfristig zu fördern. Mittlerweile gilt der 1997 gegründete und mehrfach prämierte Verlag als Spezialist für Neuautoren in Deutschland, Österreich und der Schweiz.

**Für jedes neue Manuskript wird innerhalb weniger Wochen eine kostenfreie, unverbindliche Lektorats-Prüfung erstellt.**

Weitere Informationen zum Verlag und seinen Büchern finden Sie im Internet unter:

www.novumverlag.com